大人のいじめ

坂倉昇平

講談社現代新書

2640

はじめに

「大人のいじめ」が、いま増加している。

いじめというと、主に学校を舞台に、加害者も被害者も子どもというケースを思い浮かべるのが一般的だろう。

一方で、大人のいじめという言葉からは、どんなものをイメージされるだろうか。田舎のムラ社会、親戚付き合い、近所付き合い、ＰＴＡ……。ＳＮＳ上で巻き起こる、有名人に対するバッシングを想像する人もいるかもしれない。大人のあいだでも、様々な空間や組織で、いじめが起きている。

本書では、その「大人のいじめ」の中でも、「職場のいじめ」に焦点を当てていきたい。近年、この職場いじめの深刻さを印象付けたのは、神戸市立東須磨小学校の事件だろう。

20代の男性教諭を主な標的に、同僚の教諭４名が激辛カレーを無理やり食べさせたり、校内の物置部屋に閉じ込めたり、プロレス技をかけるなどの行為をしていたという事件だ。調査委員会によって、125に及ぶ多様ないじめが認定された。いくつかを列挙してみよう。

・「カス、くず、消えろ、死ね、きもい、つかえん、ダボ、うんこ、はげ」などと罵倒した。

・教室に、養生テープで拘束して放置した。校舎屋上の物置部屋の2階部分や体育館に閉じ込めた。

・被害教員の鞄《かばん》に空き瓶や氷を入れたり、机の上にゴミや氷を置いたりした。

・防犯教室の研修の際に、被害教員が痛いと申告しているにもかかわらず、関節技をかけた。別の日に、プロレス技（ジャイアントスイング）をかけた。

・プール清掃の際に、手足を持ってプールに放り投げた。

・足が臭いと言って、靴下を脱がせ、その靴下を他の教員に嗅《か》がせ、消臭スプレーをその靴下や被害教員の身体にかけた。

・職員室内で放置されていた使用済みの雑巾《ぞうきん》を頭の上にのせた。プールの清掃時に、石を投げつけたり、バケツで泥水をかけたりした。
・体育倉庫内で、髪の毛や服をボンドや洗濯のりまみれにし、「こっちの方がかっこ
ええやん」などと述べた。
・バーベキューをしたときに、激辛ソースを飲ませた。
・家庭科室で「激辛カレーの会」を開催し、唇や目の下に激辛カレーを塗りつけた。
激辛カレーを食べさせた。「激辛カレーの会」の2回目で、羽交い締めにしてスプ
ーンですくった激辛カレーを口元に運び、食べさせた。
・被害教員が所有する車両の屋根の上に乗り、車両を蹴った。
・携帯電話のパスワードを勝手に入力して、被害教員が開こうとしても開けない状態
にした。
・送別会の集合写真の撮影の際に、胸ぐらをつかみ頭を押さえ、顔が写らないように
した。
・給食室前で、複数回、児童らの前で、拳《こぶし》で肩を殴った。児童の前で、「キモいね
ん」と言ったり、お尻を蹴ったりおなかを殴ったりした。
・被害教員の交際相手の教員を、被害教員の膝の上に座らせた。

・日常的に、職員室において、被害教員の家族のプライベートに関する事項を、他の教職員に聞こえる程度の声で話した。

（神戸市立小学校における職員間ハラスメント事案に係る調査委員会「調査報告書の概要」より）

陰湿で残酷な内容が延々と続き、読むのがつらくなるほどだ。だが、筆者からすれば、正直なところ一つ一つの被害は、必ずしも珍しいものではない。日本中の職場で発生しているであろう行為も少なくない。程度の差はあれど、こうした職場いじめは、この学校に特殊な事例と考えるべきではないだろう。

では、なぜ、こうした職場における大人のいじめが起きてしまうのだろうか。

神戸の事件を調べた調査委員会の報告書には、多岐にわたる分析が記されている。加害教員の個人的資質、管理者であるはずの校長や前校長らの責任、学校独自の風潮、外部相談窓口の欠如、ハラスメント研修の不十分さ……。在籍年数の長かった加害教員の力が強くなっていたとの意見も紹介されている。これらは、それぞれどれも重要な要因だろう。しかし特筆すべきは、この報告書の中で委員会が、「構造的問題」として、「教員の多忙さ」を挙げていることだ。

報告書には次のように書かれている。

「学校全体に共通する特徴として、とにかく教員が多忙であり、子どものこと以外にかまっていられない、なかなか目が向きにくい、という背景事情が存するようである」

「教員みんながストレスをためていて、無意識にストレスのはけ口を求めていたとの意見を述べる教員もいた」

職場に長時間労働や過重な労働があり、それに対応する適切な人員が確保されていなかった。これが、いじめを止められないばかりか、いじめを生み出す構造を作り出していたのではないか、という指摘だ。そして、この構造が、この学校だけでなく、日本全体に共通する職場いじめの背景としてあるのではないだろうか。

筆者は、大学在学中に、若者の労働相談を受けるNPO法人「POSSE《ポッセ》」を立ち上げ、15年間にわたり労働問題の啓発や解決、政策提言などに取り組んできた。

2014年には「総合サポートユニオン」という、誰でも一人から入れる労働組合を発足させ、現在はその役員としても活動している。長時間労働、残業代未払い、解雇、退職勧奨、パワハラなど、様々な相談を受け、アドバイスや実際に問題を解決するためのサポートを行ってきた。

こうした活動の中で、膨大な数の相談を受けてきたが、もっとも多いのは「いじめ」「パワハラ」についてである（「いじめ」と「パワハラ」の整理は後述する）。

職場のいじめについては、すでに様々な議論がある。経営者の視点に立った部下の指導方法の問題として、法律の問題として、モラルの問題として、日本固有の文化の問題として、加害者個人の心理の問題として、その原因がいろいろな角度から分析されてきた。

だが、そこから導きだされた結果は、対症療法にしかならなかったように思われる。実際、いじめの労働相談を掘り下げて聞いていると、同時に起きている他の問題の存在が明らかになり、単なるいじめの問題ではないと判明することが多い。経緯をつぶさに見ていくと、明らかに会社の抱える矛盾が大人のいじめとして噴出したとしか思えないケースが非常に多いのだ。前述のように、神戸の学校の事件でも、そのことが指摘されていた。

もっといえば、職場環境が労働者の内面を変貌させてしまったというケースや、同じ人物がいじめの被害者にも加害者にもなった事例もある。

職場いじめは、会社が社員の心身や仕事の質より、短期的な利益や、社員を会社に従属させることを優先した結果として起きているケースが多い。筆者はこれを、「経営服従型いじめ」と呼んでいる。そして、その被害が、近年拡大しているのを筆者は肌で感じている。


本書の目的の一つは、様々な職場いじめの実態を紹介し、その背景にある、職場の状況について分析することだ。

そして、もう一つは、職場いじめと、その土壌となる職場環境に疑問を持つ人が、「これは、おかしい」と声を上げる手助けをしたいということだ。

この本には、筆者が実際に相談を受けた事例が数多く掲載されている。そのうち、少なくない事例が、解決しないまま、苦々しい事件として終わっている。

一方で、いくつかは、被害の当事者や現場を目撃した同僚が声を上げ、いじめの原因である会社の問題に果敢にも向き合った事例だ。大人の職場いじめの現状を決定的に変えるのは、現場からの声だ。とはいえ、被害を受けて精神的に追い詰められている当事者が一人で声を上げるのは難しい。だからこそ、見て見ぬ振りをせず、一緒に声を上げる人の存在が極めて重要になる。また、同僚に限らず、彼らを応援する人の存在にも、大きな意味がある。

本書を通じて、大人のいじめを受けた人はもちろんのこと、見かけた人、黙認できない人たちに、その疑問や憤りは正しいのだと、自信と勇気を持ってもらえればと考えている。

本書の構成について述べておきたい。

第一章では、最新の統計や報道された事例を見ながら、近年の職場いじめの特徴を抽出する。

第二章から第五章までは、筆者たちが実際に受けたいじめ相談の内容を紹介する。職場いじめがどのような背景のもとで起こり、労働者の内面にどんな影響を与え、それが職場にいかなる結果をもたらすのかを分析していく。

このうち、第二章では、暴力を伴ういじめのあった二つの事件にフォーカスして、その経緯を詳細に述べる。第三章では、いじめ相談が一番多い業種である医療・福祉業界から保育園・介護施設の職場いじめを、第四章では、最近急増しているいじめとして、発達障害者、特にADHD（注意欠如・多動性障害）の人に対する職場いじめを紹介する。第五章では、昔から現在まで続く典型的ないじめとして、労働組合いじめを取り上げた。

第六章では、第二章から第五章までの事例を振り返りながら、職場いじめの新たな特徴を整理し、その意味や、それが生まれた歴史的経緯を考察する。

第七章では、パワハラ防止法の成立・施行によって活気づいているように見える「ハラスメント対策」の限界に言及しながら、職場いじめはなくせるかを考える。

巻末には付録として、実際に自分がいじめに遭っていたり、身近な人が困っていたりする場合どうしたら良いか、実践的なアドバイスを記した。もし、悩みを抱えておられる方がいたら、参考にしてほしい。

目次

第二章　過労職場の暴力を伴ういじめ

第一章　近年の職場いじめの特徴

1　職場いじめの現在

9年連続で「労働相談1位」は、「いじめ・嫌がらせ」

まずは、「職場のいじめ」[*1]について、数字で概要を確認していこう。

職場いじめといえば、よく引用される調査として厚生労働省の「個別労働紛争解決制度の施行状況」がある。同省が、管轄する労働相談窓口である全国の労働局などに寄せられた相談内容の統計をまとめたものだ。この数字を見ると、職場のいじめに関する労働相談が、この10年で激増している。

厚労省はこの統計で、単なる法制度の問い合わせや、賃金未払いなど労働基準法等の違反に関するものを除いた、民事上の個別労使紛争の労働相談を、内容によって「いじめ・嫌がらせ」「自己都合退職」「解雇」「労働条件の引き下げ」「退職勧奨」「雇い止め」「出向・配置転換」などに分類している。

2020年度は、そのうち1位が「いじめ・嫌がらせ」で、7万9190件。2位

図 1-1　主な労働相談の内容別、件数の推移

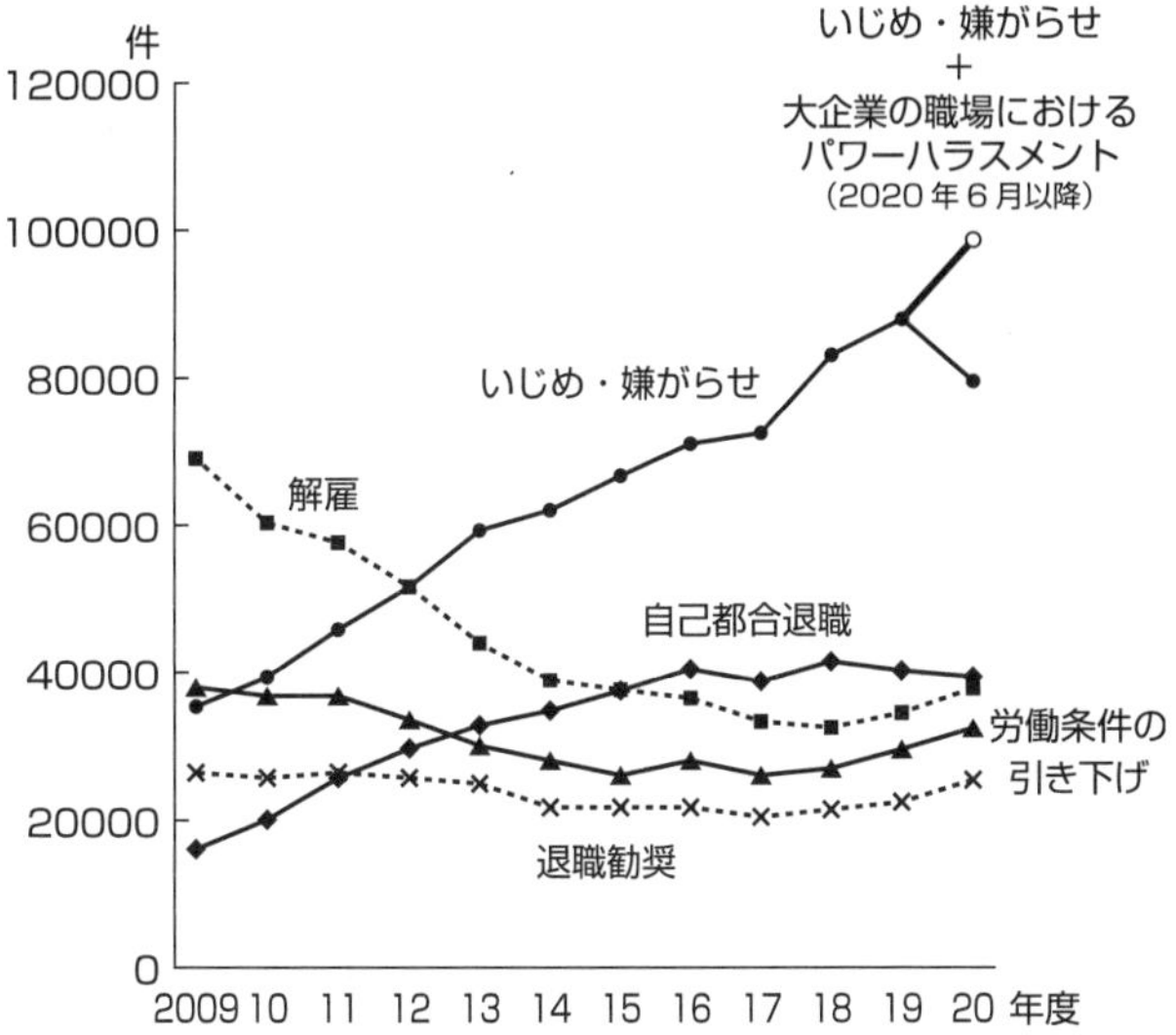

厚生労働省「個別労働紛争解決制度の施行状況」をもとに作成

の「自己都合退職」（3万9498件）、3位の「解雇」（3万7826件）の約2倍だ（図1−1）。しかも、これは2020年6月のパワハラ防止法の施行（大企業が対象、中小企業は2022年4月から）に合わせて、「いじめ・嫌がらせ」から、「大企業の職場におけるパワーハラスメント」が独立し、除外された数字だ。これが1万8363件あり、それまでと同じように一緒にカウントすると、「いじめ・嫌がらせ」は9万755

3件にのぼる。

2011年度までこの統計で長らく1位だったのは「解雇」だが、ここ10年以上は減少傾向にあり、入れ替わるように「いじめ・嫌がらせ」が大幅に増加した。「いじめ・嫌がらせ」は2011年度に4万5939件だったが、2012年度には約5万件と「解雇」を抜いて1位になり、2013年度は「解雇」を引き離して約6万件、その後も増加を続けて、9年連続トップとなっている。件数も、10年間で2倍近くに跳ね上がった。

厚労省は、いじめに関する相談として、具体的に次のような事例を挙げている。

「申出人（筆者注：労働局に「助言・指導」を求めた相談者）は正社員として勤務していたが、上司が同僚等に対し、『バカ』・『アホ』などの侮辱的な発言を日常的に行っているため、責任者である所長に相談の上、対応を求めたところ、調査や指導が適切に行われず、改善していない状況だった」

（厚生労働省「令和元年度における助言・指導及びあっせんの事例」より）

「申請人（筆者注：労働局に「あっせん」を求めた相談者）は、正社員として勤務していたが、職場の先輩から蹴られたり、腹部を殴られたりといった暴行や、申出人に聞こえるように『早く仕事を辞めてほしい』『いなくなってほしい』といった暴言を日常的に受けていた。上司も近くで見ていたが、見て見ぬ振りをして相談にのってもらえず、指導等の対応もしてもらえなかった」

（厚生労働省「平成30年度における助言・指導及びあっせんの事例」より）

ただし、前述のように、これらの「労働相談」からは、賃金未払いのような労働基準法等の違反に関する件数は除かれている。厚生労働省「労働基準監督年報」から、労働基準監督署が申告を処理した数を見てみると、一番多い「賃金不払い」は1万9498件（2019年度）だ。「申告」は労基署に経営者への調査を申請するための手続きであり、それ以前の「相談」だけで終わってしまったケースの統計がないことから、単純比較はできない。だが、この数字から判断すれば、「いじめ・嫌がらせ」に関する相談は「賃金不払い」の4倍以上になる。

いまや、労働相談といえば、職場いじめの時代なのである。

トヨタや三菱など大手企業で相次ぐ、職場いじめによる自死

いじめ被害の深刻さを物語るのは、精神障害を発症する労災事件の多さである。大手企業の例を挙げると、最近でも２０１７年10月にトヨタ自動車で起きた若手社員の自死、２０１９年８月に三菱電機で起きた新入社員の自死が、ハラスメントが理由であるとして労災認定されている。

過去にも過労死や過労自死の争いが起きているトヨタ自動車だが、２０１７年に起きた若手社員の自死は、その経緯が新聞などで次のように報じられている。

Ａさんは２０１５年に同社に入社し、その１年後の２０１６年３月から、上司の暴言が始まった。日常的に「バカ、アホ」と言われ、「なめてんのか、やる気ないの」「こんな説明ができないなら死んだ方がいい」などと叱責された。また、地方の大学を卒業して東京大学大学院に入学した経緯を持ち出され「学歴ロンダリングだからこんなこともわからないんや」とあげつらわれたという。さらに、個室に呼び出されて「俺の発言を録音していないだろうな。携帯電話を出せ」などと詰め寄られたこともあった。

Aさんは、同年7月に休職に追い込まれる。3ヵ月後、別の上司の下で復職するも、プレッシャーを感じると手が震えるようになっていた。

追い討ちをかけるように、翌年5月、暴言を吐いた元上司が、Aさんの近くの席に異動になった。Aさんは、「目線が気になるので席を替わりたい」「もう精神あかんわ」などと周囲に漏らしていたという。その後、両親に「会社ってゴミや、死んだ方がましや」、同期にも「自殺するかもしれない。ロープを買った」と連絡していた。そして、10月にAさんは亡くなった。労災が認定されたのは、それから約2年後の2019年9月のことだった。

三菱電機で起きた、ハラスメントによる新入社員自死事件の経緯はこうだ。2019年4月に三菱電機に入社したBさんは、7月に配属された先で、教育指導の担当者からハラスメントを受けるようになったという。Bさんのメモには、7月上旬に「次、同じ質問して答えられんかったら殺すからな」「お前が飛び降りるのにちょうどいい窓あるで、死んどいた方がいいんちゃう?」「(飛び降りたら)ドロドロ●●(Bさんの名字)ができるな」「自殺しろ」という教育担当者の発言が記されていた。

翌月、Bさんは公園で自死、前日に書かれたメモが残されていたという。2020

年9月11日に労災申請が行われ、２０２１年2月に認定。異例なことに、労災認定に先行して、兵庫県警は教育担当者を自殺教唆の疑いで神戸地検に書類送検している（嫌疑不十分で不起訴処分）。

いじめによる労災認定は11年で10倍に

厚労省の「過労死等の労災補償状況」を見ると、こうした職場いじめによる精神障害やそれによる自死が近年急増していることがわかる。

労災による精神疾患といえば、長時間労働による過労が原因とイメージされることが多いだろう。しかし、長時間労働が全くなくても、上司や同僚から「（ひどい）嫌がらせ、いじめ、又は暴行を受けた」などの心理的負荷の強度が高い出来事があれば、労災として認定される。

２０２０年5月29日からは、後述するパワハラ防止法の施行に合わせて、このいじめに関する出来事の項目は、「上司等から、身体的攻撃、精神的攻撃等のパワーハラスメントを受けた」と「同僚等から、暴行又は（ひどい）いじめ・嫌がらせを受けた」の二つに分けられた。本章では特に断りのない限り、これらを「いじめ・嫌がら

図 1-2 「いじめ・嫌がらせ・暴行」が精神障害発症の原因と判断された労災認定・労災決定件数の推移

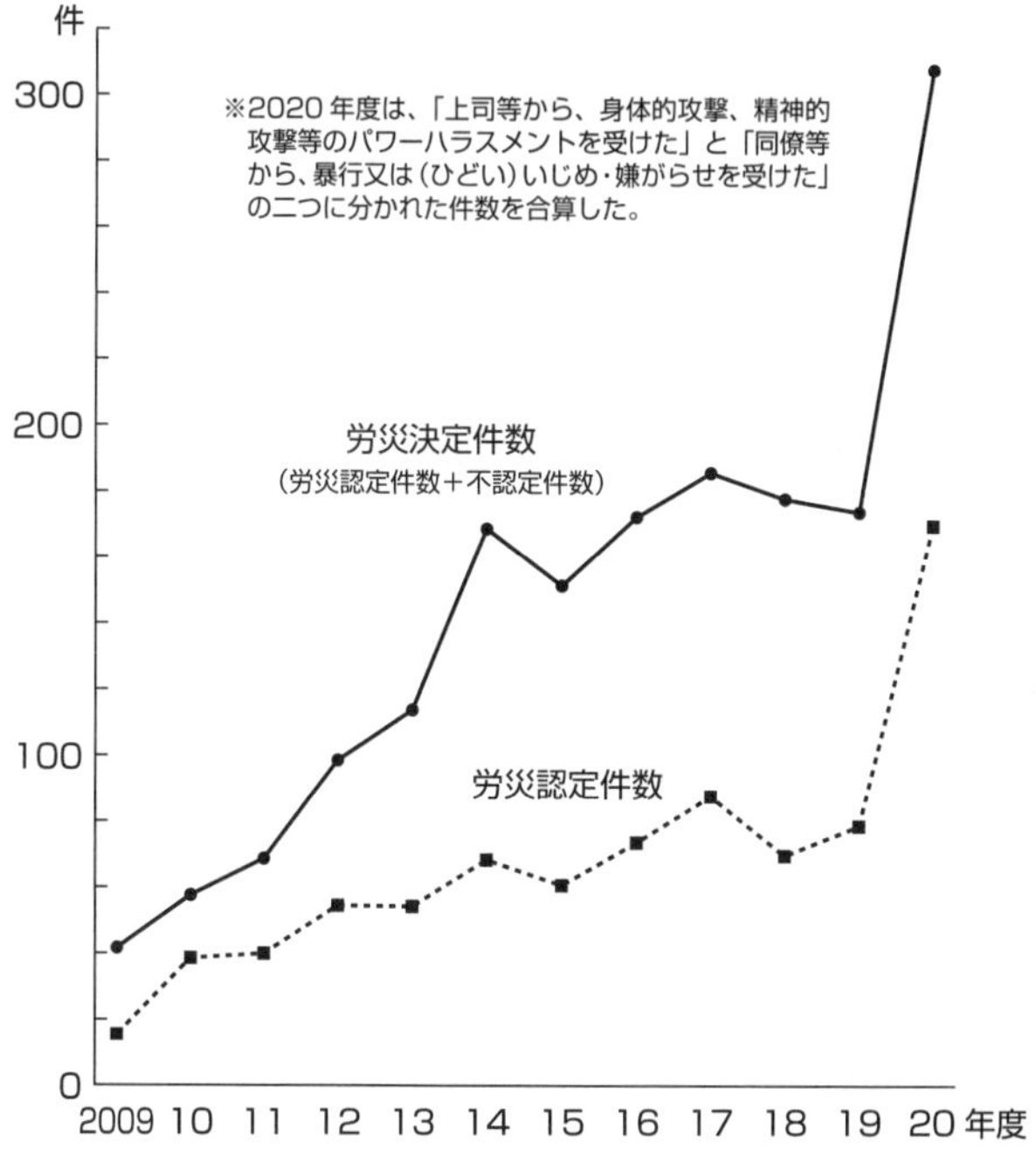

厚生労働省「過労死等の労災補償状況」をもとに作成

せ・暴行」とまとめて表記する。

実際に認定された労災のうち、この「いじめ・嫌がらせ・暴行」が精神障害を発症した一番の原因であると判断された件数は、調査が始まった2009年度は16件だったが、2020

年度には170件と、11年で10倍に増えている[*2]（図1-2）。自死した人数に注目すると、2009年度は1人だったが、2017年度には過去最多の12人が、いじめによる労災であると認定された。

労災認定されづらい「いじめ」

労災の統計を掘り下げてみると、さらに深刻な職場いじめの実態が見えてくる。

そもそも、「いじめ・嫌がらせ・暴行」を理由とした労災が認定されるためのハードルは極めて高く、先に挙げた数字は氷山の一角である。何より、いじめの証拠を集めるのは非常に難しい。会社が事実を否定する証言をしたことで、労災が認定されないこともある。また、身体的被害以外は、被害が「執拗」であったと認められることがほぼ前提になっている。これらの立証は、被害者や遺族にとって容易ではない。

労災認定のハードルの高さを考慮して、労災が認定された件数だけでなく、認定されなかった件数を合わせた数字に着目して、検証することが重要だろう。厚労省は、この件数を「労災決定件数」と呼んでいる。

「労災決定件数」のうち、「いじめ・嫌がらせ・暴行」が精神障害発症の一番の原因だと判断された件数は、２０１４年度から２０１９年度まで毎年１７０〜１８０件前後だったが、２０２０年度には３０８件まで増加している（図1-2）。うち自死者は、年間10〜20人で推移している。

加えて、労災認定の対象となる「出来事」には、「いじめ・嫌がらせ・暴行」以外にも、「上司とのトラブル」「同僚とのトラブル」「部下とのトラブル」という項目がある。「業務指導の範囲内」と判断された「指導・叱責」や「業務をめぐる方針等の対立」は、「いじめ・嫌がらせ・暴行」ではなく、こちらの分類にカウントされ、より労災認定されづらくなる。

しかし、その線引きには疑問符がつく。例えば、過労死弁護団が、ある労災不認定の事案を紹介している。面接で「お前役に立たないからいらねーよ」「お前みたいなやつどこに行っても使えねーよ」と言われ、被害者が残業している部下に差し入れをした際にも「仕事もできないのに」「そんなことやっている暇があったら仕事をしろ」と発言されたという事件だ。労災申請をして、上記の発言は事実と認められたものの、業務に関連した言動であり、他の職員にも同様の物言いをしていたと労基署が判断したため、「いじめ・嫌がらせ・暴行」ではなく「上司とのトラブル」を適用されてしまい、労災が認定されなかった。

同様に、同僚や部下によるいじめについても、労基署が「いじめ・嫌がらせ・暴行」と認定せず、業務上の「対立」であるとして、「トラブル」という扱いにしたため、労災として認められなかったというケースが少なくないと見られる。

業務による精神障害のほぼ半数は「いじめ」が原因か

では、「トラブル」の件数を、いじめにカウントするとどうなるだろうか？

2020年度の、精神障害の労災認定・不認定件数を合わせた「労災決定件数」1906件のうち、上司、同僚、部下との「トラブル」はそれぞれ、388件、89件、16件に及ぶ。「上司とのトラブル」は、同年の「いじめ・嫌がらせ・暴行」の308件より80件も多く、労災認定の対象となる全ての「出来事」の項目の中で1位だ（図1-3）。

この「労災決定件数」のうち、「いじめ・嫌がらせ・暴行」「上司とのトラブル」「同僚とのトラブル」「部下とのトラブル」を全て足すと、2020年度で801件になる。これは、同年の労災決定件数全体の42％で、「セクシュアル・ハラスメント」

図1-3　主な出来事別、精神障害の労災認定・不認定件数（2020年度）

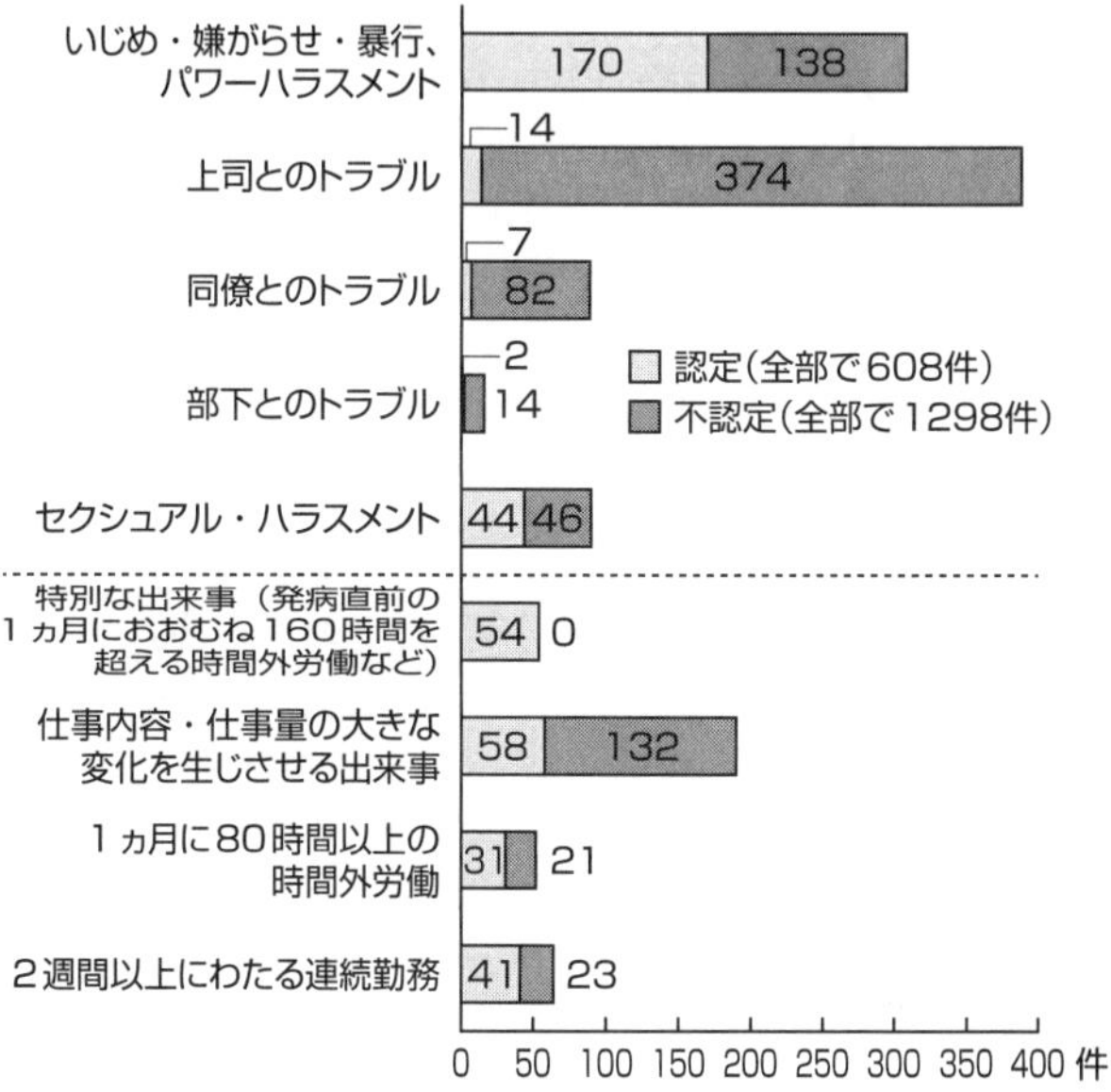

厚生労働省「過労死等の労災補償状況」（2020年度）をもとに作成

の90件も加えれば、47%に達する。

認定されないケースの多さゆえに見えづらいが、いまや精神障害を引き起こしたとして労災を申請されている事件のほぼ半数が、長時間労働ではなく、「いじめ」によるものである可能性が高いのだ。

そして、これすら十分な数字ではない。連続して月100時間以上の長時間残業があった場合は、そのことを優先的な原因として労災が認定されるため、いじめの有無がわざわざ調査されることはなく、こうした統計にもカウントされない。後述するように、長時間労働といじめはセットであるケースが多いため、いじめが引き金になった精神障害は、労災の半数を優に超えている可能性もある。

業務による精神障害の最たるものとして、「過労自死」「過労自殺」という言葉がよく使われてきたが、いまやその大半は「ハラスメント自死」「職場いじめ自死」という表現の方が当たっているのではないだろうか。

2　最近の職場いじめの三つの特徴

いじめのある職場は、長時間労働の割合が2倍以上

職場いじめは、なぜこのように増加・深刻化しているのだろうか。

「職場いじめは昔からあった」という意見もあるだろう。上司による行き過ぎた「指導」、ベテラン従業員による新人いびり、社内の「派閥争い」、出世する同僚に対する

嫉妬、他人への配慮に欠けた「問題社員」の行為などを挙げる声もあるだろう。こうした労働相談は、今もなくなったわけではない。

しかし、近年見られる職場いじめには、これまでとは異なる傾向がある。ここでは、最近の職場いじめに共通する特徴や背景を指摘していきたい。

まず、第一の特徴が、「過酷な労働環境」である。

それを示唆するのが、2021年4月に公表された厚労省の「職場のハラスメントに関する実態調査」(2020年10月に実施)だ。この調査では、現在の職場でパワーハラスメントが起きている労働者に、職場で起きているハラスメント以外の問題について質問している。一番多く挙げられたのは「上司と部下のコミュニケーションが少ない/ない」で37・3%だった。過去3年間にパワハラを経験していない人で、同じ回答をしたのは15・1%と、2倍以上の開きがある。ただし、コミュニケーションがないこと自体がハラスメント行為であったり、ハラスメント行為の結果であったりするケースも多く含まれていると思われる。

目を引くのは、2番目に多かった「残業が多い/休暇を取りづらい」が、パワハラが起きている職場の労働者の30・7%から回答されていることだ。一方で、過去3年間にパワハラを経験しなかった人のうち、その職場で「残業が多い／休暇を取りづらい」と答えた割合は13・4％にとどまった。やはり2倍以上の差があったのである。

もちろん、ハラスメント行為そのものや、その行為の影響によって、残業が多くなったり、休暇が取りづらくなっていることもあるだろう。しかし、少なからぬハラスメントの背後に、長時間労働に象徴される過酷な労働環境が横たわっていることを窺わせる。

本書で取り上げる事例の多くでも、こうした職場環境が共通していた。これが、職場いじめにどのように影響しているかは、後述する具体的な事例で紹介していきたい。

近年相次ぐ、同僚による卑劣ないじめ

第二の特徴は、「職場全体の加害者化」である。現在でも、職場いじめの多くが経営者や上司によって行われており、本書でも上司が関わったケースをいくつも紹介している。

しかし、近年では、経営者や上司に限らず、先輩や同僚、部下など、広義の同僚に

よって、多くのいじめが行われている。最近の報道から例を挙げよう。

4ヵ月で給与84万円を取り上げ、オムツで働かせ、クレーンで吊るす

まず、香川県の金属加工を営む中小企業で起きた、先輩社員による10年以上に及ぶ凄惨ないじめを紹介しよう。あまりの酷さのため、加害者は2021年5月、高松地裁において恐喝罪などで懲役2年6ヵ月の実刑判決を受けている。新聞の報道によると、経緯は次の通りだ。

10年以上前、後輩社員の男性がミスをして怒鳴られたことをきっかけに、先輩社員によるいじめが始まった。男性に対する叱責の回数が増えるようになり、殴打などの暴力も受けるようになった。やがてミスのたびに「罰金」を取られるようにまでなった。

次第に暴力はエスカレートしていき、殴打には鉄パイプが用いられた。給料の大半も奪われるようになった。明らかになっている2020年6月〜9月の4ヵ月間だけで、奪われた金額は84万円に及んでいる。

さらに男性を裸にしてオムツを穿かせて仕事をさせ、水を大量に飲ませてトイレに

行かせなかったという。天井のクレーンに吊り下げて振り回したこともあった。「家族を崩壊させる」と脅すこともあった。２０２０年に同僚が警察に訴えたことで、ようやく事態が公然化した。

とはいえ、会社はもともと被害を把握していたという。男性が上司に訴えても問題にせず、起訴されてようやく先輩社員を解雇した。別の同僚も、「いつものことという感じで、誰も騒がなかった」と法廷で証言した。

加害者である元先輩社員は「何度注意してもミスを繰り返すので嫌悪感が募った」「怒りの感情がコントロールできなくなっていた」と述べている。被害者の男性も「ミスをした自分が悪い」と発言し、罪悪感を植え付けられていたことがわかる。

事故の治療で休んだら「給料泥棒」「遺棄しちゃう」

次は、公立病院で起きた同僚と上司によるいじめの事件だ。

２０１７年秋、千葉県の公立病院に勤務する50代の嘱託職員の女性は、職員を対象とした検査で、採血中に針を誤って刺す被害に遭い、神経を損傷して指を動かせなくなってしまった。その治療のため別の病院に数日通うことになったところから、いじめが始まった。

通院による休暇から復帰し、女性が「ご迷惑をおかけしました」と謝ると、同僚に「誰も心配していないから」と大声で返された。その後も、「やめればいい、みんなの声を代表して言っているだけ」「（女性が通院で休むため）いないから明日が待ち遠しい」「来なくていい」などと言われたという。無視されたり、新年会やお弁当の注文、お菓子の配布から外されたりといった行為も続いた。これには上司も加わっていたという。

「いつも病院に行く人がいて困っている」「くさい、ストレスになる」「さっさとやめろよ」「やめたら祝賀会しようぜ」「旦那に養ってもらえ」「予算ないし、（女性を）遺棄しちゃう」「給料泥棒」とまで言われた。

女性から相談を受けたにもかかわらず、上司は改善策を講じないばかりか、「転職を考えたほうがいい」と「助言」さえした。女性はいじめが始まってから1年後の2018年秋に適応障害と診断され、翌年2月から休職。うつ病も発症し、年度末にそのまま雇い止めとなった。

女性は2019年11月に労災申請を行い、上司や同僚の発言の多くを録音していたこともあり、2020年9月に労基署により労災が認定された。いじめが始まってから3年後のことだった。

行政にも寄せられる、同僚による暴力の労働相談

被害がひどい例を挙げたが、同僚によるいじめが稀でないことは、厚労省や東京都が公開している近年の労働相談事例からも確認できる。

「申請人は、正社員として勤務していたが、同僚3名から食事代などをおごらされ、そのうちの1名からは、顔や腹などを殴るなどの暴力を受けた。管理者に相談したところ、同僚から一部金銭が返却されたが、同僚3名に対する処分はなかった。

また、その後に、異動先の上司から無視されるようになり、それをきっかけに精神状態が不調となり、体調も悪くなったことから、退職せざるを得なくなった」

（厚生労働省「平成28年度における助言・指導及びあっせんの事例」より）

「相談者は、飲食店のアルバイト社員。同僚のアルバイト社員から継続して暴言を受

けていたが、ある日、暴言に抗議したところ、体を引っ張られるなどの暴行を受けた。その後、相談者は、両者のいさかいを知ったマネジャーから、『身を守るためにも辞めたほうがいい』などと退職勧奨を受けた」

（東京都産業労働局「平成28年東京都の労働相談の状況」より）

後輩による集団いじめ

筆者が受けた最近の労働相談から、「後輩」によるいじめも紹介しておこう。30代のいわゆる「中年フリーター」の男性に対する職場いじめだ。

男性は娯楽施設内のポップコーンやドリンクなどを販売する売店で働いており、時給はほぼ最低賃金でシフト制だが、週に5日出勤し、勤続は10年以上に及んでいた。ふだん売店には、学生と20代のフリーター合わせて10人ほどが働いている。男性は最年長であり、勤続年数でいっても全員の先輩にあたる。それが突然、いじめの標的となってしまったのだ。

レジ打ちをしていると、気づくと周りに誰もいない。同僚全員が、男性を一人残して、厨房に引き上げてしまったからだ。逆に男性が厨房に向かうと、同僚たちはさーっとレジに集まっていく。さながら、サッカーのオフサイドトラップである。これが毎日、何ヵ月も続いた。精神的苦痛に加え、レジ打ちにせよ調理にせよ、業務を一人でやらなければならず、負担も大きかった。

学生たちをけしかけ、いじめのリーダー格になっていたのは、後輩のあるフリーターだった。すれ違いざまにわざと肩をぶつけられたり、仕事の情報を回してもらえなかったり、全体の飲み会にも自分だけ誘われなかった。「どうしてそういう態度をするの？」と思い切って聞いても、無視されるだけだった。特に恨まれるようなことをした記憶はなく、因縁をつけるとしたら「30代になってもフリーターの男性」であることくらいしか思いつかなかった。

一部の学生アルバイトは、「手伝わないようにと言われました」と申し訳なさそうに打ち明け、周りの目を盗んで業務に手を貸してくれた。

男性は会社に相談し、主犯格の後輩フリーターとの話し合いを求めた。しかし、話し合いは相手から拒否され、「無視ではなく、興味がないだけ」という回答があったと会社から説明があった。会社はそれ以上何も対応してくれなかった。

男性はうつ病を発症し、長期間休職せざるを得なくなった。現在は復職し、出勤シフトを減らして働いている。いじめはなくなったが、上司はうつから復職した彼にわざわざ「研修中」のバッジを着用させ、「トラブルを起こす厄介者」として、退職に追い込もうとしている。

職場いじめの約半数が「同僚」による行為

「職場いじめ」と聞いて、「経営者や上司によるパワハラ」を想像する人にとっては、こうした同僚によるいじめ行為は例外的なものと感じるかもしれない。しかし、統計を見ても、同僚による職場いじめは存在感を増している。

2021年の厚労省による「職場のハラスメントに関する実態調査」によると、「パワハラ」に該当すると判断した事案があった企業1990社のうち、ハラスメントの行為者と被害者の関係性について、「役員」から部下に対する事案があったと回答した企業が11・1%、「上司（役員以外）」から部下に対する事案があったとする企業が76・5%だった。その一方で、「部下」から上司に対する事案が7・6%、「同僚同士」の事案は36・9%あった。「同僚同士」と「部下」からを合わせると44・5%になり、「役員」からの「パワハラ」よりも、はるかに多い。

図 1-4　ハラスメントの加害者の内訳

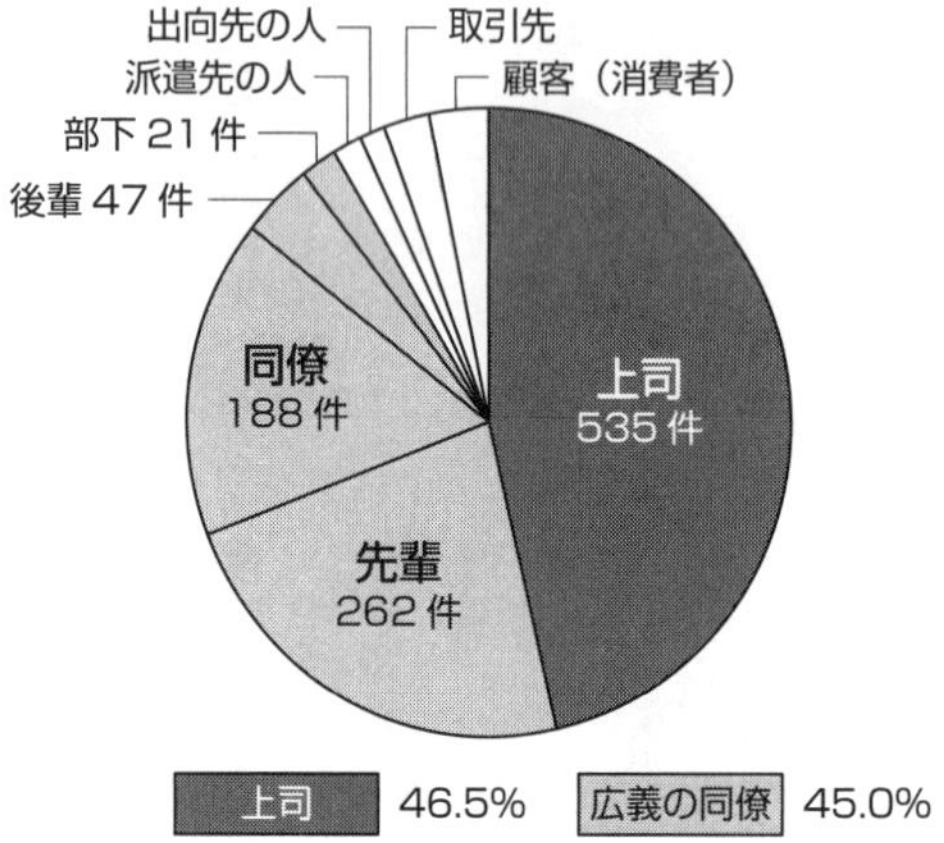

連合「仕事の世界におけるハラスメントに関する実態調査2021」をもとに作成

行為者の区分がより詳細なのが、連合による「仕事の世界におけるハラスメントに関する実態調査２０２１」だ。この調査では、ハラスメント被害を加害者別に分類している。なお、同一の事件でも、複数の分類（「身体的な攻撃」「精神的な攻撃」「人間関係からの切り離し」「過大な要求」「過小な要求」「個の侵害」「セクシュアル・ハラスメント」「その他ハラスメントなど」）にまたがるものは、重複して集計されている。

この調査によると、加害者は「上司」（経営者も含まれている）が５３５件、「先輩」２６２件、「同僚」１８８件、「後輩」47件、「部下」21件となっている（図1-4）。先輩・同僚・後輩・部下を「広義の同僚」（518件になる）とすると、職場のハラスメントの件数（1151件）のうち、加害者の割合は、上司が46・5%、広義の同僚が45・0%になる。同僚からの職場いじめが、上司によるものと拮抗し、ほぼ半数を占めるのだ。

労災認定された職場いじめの4割が同僚によるもの

さらに決定的なことに、労災認定された職場いじめの最新の件数においても、同僚によるいじめ被害の深刻さが裏付けられている。

前述のように、2020年5月末から、厚労省の精神障害の労災認定の基準となる出来事の項目において、従来の「（ひどい）嫌がらせ、いじめ、又は暴行を受けた」が、「上司等」による「パワーハラスメント」と、「同僚等」によるものに二分された。加害者が上司であったり、豊富な知識や経験をもっていたり、集団であったりと、被害者に対して「優越的な関係」にあると判断された場合に「上司等」によるものとして前者に分類され、そうでない同僚による行為は後者になる。

2020年5月末から翌年3月末までの、「上司等」による「パワーハラスメン

図 1-5　精神障害の発症が労災と認定された事件のうち、原因を上司等からの「パワーハラスメント」とするものと、同僚等からの「暴行・いじめ・嫌がらせ」とするものの件数の対比

※2020年5月29日〜2021年3月31日までの期間

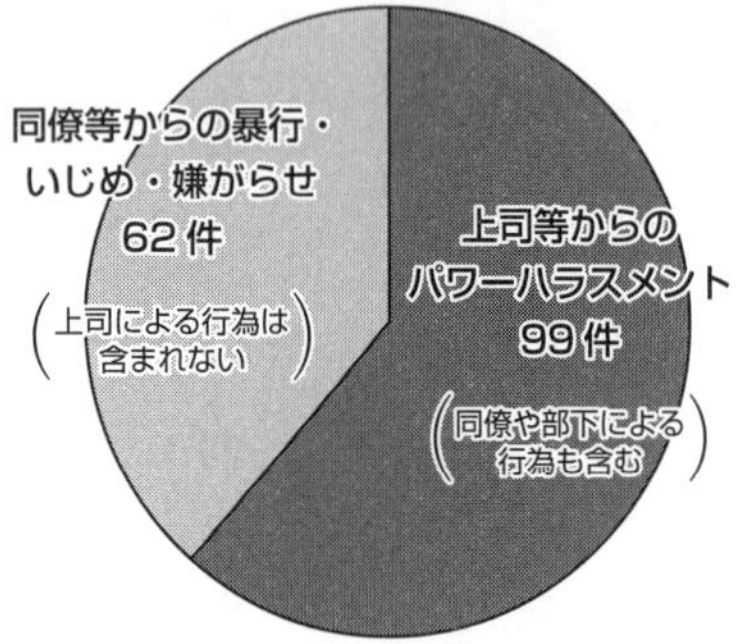

厚生労働省「過労死等の労災補償状況」（2020年度）および厚労省労働基準局補償課への取材をもとに作成

ト」として労災が認定された事例は99件だった。一方、筆者が厚労省労働基準局補償課に直接確認したところ、同期間に「同僚等」によるものと分類されたのは62件であるという（図1－5）。つまり、被害者に精神障害を発症させ、労災が認定されるほどひどい職場いじめ161件のうち、少なくとも39％、約4割が同僚によるものということだ。それどころか、「パワハラ」6割の中に、「優越的な関係」にある同僚による行為も含まれている可能性がある。

　このように、同僚がかなりの件数でいじめの加害者になっていることが、近年の職場いじめの大きな特徴だ。

「放置」される職場いじめ

第三の特徴は、会社による「いじめの放置」だ。

職場のいじめが社会問題化する中で、被害の事実があるのであれば、会社は再発防止に努め、過去の被害にも謝罪や補償などの対処をすべきだろう。しかし、いじめの実態を認識していながら、そうした「解決」に会社が一向に取り組もうとせず、被害が継続・拡大しているケースが非常に多い。

その典型例と考えられるのが、前述した2019年の三菱電機の新入社員の事件だろう。じつは三菱電機では、Bさんと同じ寮に住んでいた新入社員が2016年にやはり自死しており、遺書を残していた。そこに記されていたのは、上司や先輩から受けたハラスメントの実態と、「私は三菱につぶされました」「家族との別れがつらいですが、●●（上司の名前）と一緒に働き続けるほうがツライので私は死を選びます」という言葉だった。

それればかりか、この二つの事件にとどまらず、同社では子会社も含めると、201

2年以降だけでも、少なくとも5人が自死し、月100時間を超える長時間残業によるものも含めて、6件の労災認定がなされている。同社では、精神障害を発症させるようなハラスメントが改善されることなく、常態化していたとしか言いようがない。同じ寮の社員が相次いで自死したのは極めて象徴的だ。

また、やはり前述したトヨタ自動車で起きた2017年の若手社員の自死事件も「放置」の事例だ。このハラスメント上司が、過去にも別の若手社員に対して同様の行為をしていたにもかかわらず、他の管理職はその事実を把握していなかったというのだ。そのうえ、Aさんの復職後も特に配慮することなく、この加害者をわざわざAさんのすぐ近くに配置して、被害を繰り返している。

同社は「情報共有の不足」を反省点として挙げている。しかし、ハラスメント上司をほぼ「放置」し、ハラスメントや二次被害を繰り返していたことを、それだけで説明できるのだろうか。

ハラスメント相談を「無視」する会社が約5割

ハラスメントの「放置」は、大企業に限ったことではない。

前述した「同僚」による被害事例の数々も、いじめの内容がかなり悪質であり、被害者から相談を受けているにもかかわらず、会社側はほとんど何も対応していない。これらの事例では、加害者は特に職位の高い人間ではなく、経営者からしても特に処分しづらいとは考えにくい。

このハラスメントの「放置」は、数字にも表れている。2021年の厚労省「職場のハラスメントに関する実態調査」の労働者調査によれば、「パワハラ」を知った後の勤務先の対応として、「特に何もしなかった」が47・1%にのぼっており、ほぼ半数を占めて1位となっている。企業のほぼ5割が、相談を受けてもなお、職場いじめを「放置」しているというのだ。

「自発的」な労務管理システムとしてのいじめ

ここで、疑問が湧いてくる。ハラスメントの「放置」は、企業の対策の「不足」や「失敗」によるものなのだろうか。実は「不足」や「失敗」ではなく、むしろ職場いじめが繰り返される状態の方が、会社にとって何らかの理由で「合理的」なのではないか。もっと言えば、会社が意図していなかったとしても、職場いじめが労務管理のシステムとして、事実上組み込まれている可能性があるのではないだろうか。

ここに挙げた三つの特徴をまとめて、筆者は以下の仮説を提示したい。近年の職場いじめは、①厳しい労働環境で働かせ続けるために、②上司はもちろんのこと、一般労働者である同僚までもが「自発的」に行うほど浸透した、③労務管理のシステムとして機能しているのではないだろうか。

第二章以降では、象徴的な事例を掘り下げながら、職場いじめはなぜ起きるのか、それが職場でどのような役割を果たしているのか、仮説を基に検証していきたい。

＊1　本書では、「職場のいじめ」、あるいは「ハラスメント」という言葉を用い、「パワーハラスメント」（「パワハラ」）は基本的に使用しない。確かに、「職場のいじめ」と「パワハラ」が、あまり区別されることなく使われるケースは多い。しかし、「パワハラ」では、本書で取り上げたい問題の多くがこぼれ落ちてしまうか、論点が混乱してしまうおそれがある。
パワハラを定義した唯一の法律として、改正労働施策総合推進法、いわゆるパワハラ防止法が2020年6月に大企業を対象に施行されている。この法律の定義に対する批判はあるが、「パワハラ」という用語を用いる際の重要な参照軸になるのは間違いない。この法律では、次のように記されている。

「事業主は、職場において行われる優越的な関係を背景とした言動であって、業務上必要かつ相当な範囲を超えたものによりその雇用する労働者の就業環境が害されることのないよう、当該労働者からの相談に応じ、適切に対応するために必要な体制の整備その他の雇用管理上必要な措置を講じなければならない」（労働施策総合推進法第30条の2）

ここでは、三つの要素が提示されている。「①優越的な関係を背景とした言動」「②業務上必要かつ相当な範囲を超えたもの」「③労働者の就業環境が害されるもの」だ。この三つを満たす行為を、この法律ではパワハラとしている。

本書の趣旨から特に論点となるのは、①の「優越的な関係」だ。一般に、優越的な関係と言われれば、経営者や上司などの指揮命令関係が明確な人物のことを指すとイメージしがちだろう。この条文だけでは、「優越的な関係」の意味がわかりづらい。厚労省が２０２０年に出したパワハラ防止法の指針では、「優越的な関係を背景とした」言動について、より詳しく定めている。

「当該事業主の業務を遂行するに当たって、当該言動を受ける労働者が当該言動の行為者とされる者（以下「行為者」という。）に対して抵抗又は拒絶することができない蓋然性が高い関係を背景として行われるものを指し、例えば、以下のもの等が含まれる。
・職務上の地位が上位の者による言動
・同僚又は部下による言動で、当該言動を行う者が業務上必要な知識や豊富な経験を有してお

り、当該者の協力を得なければ業務の円滑な遂行を行うことが困難であるもの
・同僚又は部下からの集団による行為で、これに抵抗又は拒絶することが困難であるもの」

このように、パワハラの法律上の定義では、同僚や部下による行為も入っており、職位だけでなく、知識や経験の豊富さ、さらには集団であることも優越性の根拠となるという。優越性が広く捉えられていることは、パワハラという定義での権利救済や防止措置の枠を広げる意味では重要だろう。

一方で、同僚、後輩、部下など、「広義の同僚」による職場いじめにおいては、いくら定義が広くとられたとしても、優越的な関係性を説明しづらい事例も多いのではないだろうか。特に本書では、同僚が加害者となる事例を付随的にではなく、むしろ重要なものとして取り上げるため、なおさら二者間の関係性が曖昧な事例が多くなってしまう。

加害者の「優越性」が仮になかったとしても、いじめの具体的な内容、加害者がいじめを起こしたことと労働環境の関係、いじめが職場に与える「効果」を検討することが、本書の狙いである。

そこで本書では、広範な事例を包括し、定義上の混乱を防ぐため、引用によるものや、相談者の発言のニュアンスを尊重するなどの場合を除き、「パワハラ」ではなく、「職場いじめ」という言葉を用いる。

また、本書では、職場の「ハラスメント」という言葉も、便宜的に「職場のいじめ」とほぼ同義で用いる。世界的には、この用語が定着しているからだ。

２０１９年、国際労働機関（ＩＬＯ）は総会で、「仕事の世界における暴力及びハラスメントの撤廃に関する条約」を採択している。

同条約では、「仕事の世界における『暴力及びハラスメント』とは、一回性のものであれ繰り返されるものであれ、身体的、精神的、性的または経済的危害を目的とするか引き起こす、またはそれを引き起こす可能性のある、許容しがたい広範な行為と慣行、またはその脅威」と定義を定めている。これは、職場におけるハラスメントを包括的に整理したもので、セクシュアル・ハラスメントなどの様々なハラスメントも含まれている。

この定義においては、当事者間の関係性は前提とされていない。さらに言えば、業務上の必要性や相当性も問われていない。労働環境への影響と無関係に、労働者の被害そのものを重視している。このように、日本のパワハラ定義よりも、かなり広い行為を対象としている。よって、差し当たっては、「職場のいじめ」とほぼ同じ意味として扱って良いと判断した。

＊２　２０１９年のパワハラ防止法成立と翌年の施行が、労働者の啓発につながった影響も大きいと見られる。

第二章　過労職場の暴力を伴ういじめ

1　いじめが「連鎖」するメディアの職場

なぜ、職場の暴力がなくならないのか

職場いじめには、労働者に精神的・身体的な負荷を与える様々な手口がある。厚労省は、「パワーハラスメント」にあたる行為を六つに類型化しているが、それらは次の通りだ。

殴ったり、蹴ったりなど、体に危害を加える行為や、相手に物を投げつけるような行為（「身体的な攻撃」）。労働者を脅迫するような言動や人格を否定するような侮辱発言、名誉棄損にあたる言葉、ひどい暴言（「精神的な攻撃」）。特定の労働者に対して、仕事から外す、別室への隔離・無視や仲間外しなどの行為（「人間関係からの切り離し」）。

さらに、業務上明らかに不要なことや遂行不可能なことの強制、仕事の妨害（「過大な要求」）。業務上の合理性なく、能力や経験とかけ離れた程度の低い仕事を命じること

とや、仕事を与えないこと（「過小な要求」）。そして、労働者を職場外でも継続的に監視したり、個人の私物を写真で撮影したりすること、上司との面談等で話した性的指向・性自認や病歴、不妊治療等の個人情報について、本人の了解を得ずに、他の労働者に暴露すること（「個の侵害」）。この六つである。

なかでも、殴る・蹴るといった身体的な攻撃は、もっとも直接的に被害者に苦痛を与える行為であり、加害者の正当性を認めることは困難だ。しかし、いまの日本で起きているとは信じがたいような暴力事件が、労働相談には頻繁に寄せられている。

もっとも明白なハラスメントであり、業務上の必要性などまったくないはずの暴行や傷害が、なぜ職場からなくならないのだろうか。本章では、筆者が労働相談を受け、ユニオンで取り組んだ凄惨な職場いじめの事例を二つ紹介する。

「働き方改革」の影で

２０１０年代、「ブラック企業」への社会的な批判の高まりや、過労死・過労自死に対する遺族や支援団体の運動を受けて、政府が「ブラック企業対策」を政策に掲げ始めた。長時間労働による死亡や、業務によって精神障害が引き起こされるのを防ぐよう、国が対策を取ることを定めた過労死等防止対策推進法が制定され、「働き方改革」が推し進められた。2016年秋には、大手広告代理店の電通で1年前に起きた、新入社員の高橋まつりさんの自死が労災として認定され、これを機に、大企業における長時間労働対策が一気に進み始める。

このように、長時間労働やハラスメントが社会問題化し、それらは禁止すべき行為であると啓発されたはずだった。しかし一方で、こうした「改革」とは無縁どころか、しわ寄せを受けている職場もあった。

白昼の駅前で起きた流血事件

2010年代後半、20代男性のAさんは、メディア業界の下請け企業に勤務していた。この会社では、業界大手の働き方改革の影響を受けて、かえっていじめと暴力が猛威を振るうようになっていた。

事件は、ある大都市のターミナル駅の前で起きた。その日、取引先に同行する外回りの仕事を、Aさんが、Aさんより数年早く入社したチームリーダーの先輩と終えた直後のことだった。

　Aさんは先輩から、取引先の見送りには加わらず、すぐ事務所に戻って、当日のデータをまとめるように指示されていた。タクシーが駅前に着き、先輩と取引先を降ろして、自分はそのまま事務所に戻って作業すべくタクシーに行き先を告げようとした瞬間だった。

「なんで降りてこねえんだよ！」

　先輩が声を荒らげた。理不尽なことに、さっき指示されたことと話が変わっている。Aさんが見送りする素振りも見せないことが気に障ったようだった。

　取引先が駅構内に姿を消すと、束の間、平静を装っていた先輩は豹変した。歩行者や車が行き交う駅のロータリーで、Aさんは顔を握りこぶしで約10発ほど連続して殴られ、続けざまに平手打ちされた。鼻と口から血がダラダラと流れ落ち、Aさんはコンクリートの路上に倒れ込んだ。

　さすがに白昼の人通りの多い駅前だったため、驚いた通りがかりの中年男性が、「大丈夫ですか？　何があったんですか？」と声をかけて、止めに入ろうとしてくれた。しかし、Aさんは恐怖のあまり放心状態だった。自分が暴力を受けている理由も状況も理解できず、助けを求める声すら出すことができなかった。

すかさず先輩が、「関係ないんで、大丈夫です」と、中身のない返事をしてその場を取り繕い、男性を追い払った。

そのあとは、人気のない路地裏に無理やり連れて行かれ、暴行が続行された。「殺すぞ」「バカ」「クソ」と言われながら、Aさんは回し蹴りを受けた。Aさんの顔と体は赤く腫《は》れ上がり、痛みは数日引かなかった。

しかも、恐ろしいことに、こうした流血事件は、見知らぬ人たちの目の前で血だらけになったということを除けば、この会社では決して珍しいことではなかった。先輩社員による後輩への暴力が、当然のように横行していたのだ。

殴られ、蹴られ、首を絞められる日常

Aさんの同期ら若手社員は、少しでもミスや、うたた寝をしようものなら、この男性先輩社員から、すぐに拳で殴られた。徹夜作業をした翌朝に車で移動中、後部座席で居眠りをしていた若手社員が、顔面を靴で蹴り飛ばされたこともあった。若手の男性社員たちは、全員が彼から殴られたり、蹴られたり、首を絞められたりしたことが

あった。女性社員ですら、容赦なく胸ぐらを摑まれていた。

会議中でも、気に障る発言があったら、ボールペンのペン先を向けて、勢いよく投げつけられた。「お前、口ごたえすんのか？」と平手打ちを繰り返し、胸ぐらを摑んで大声で「説教」されることもあった。

ただでさえ暴力の理由は理不尽だったが、別の若手のミスをあげつらった後、「お前は自分が関係ないと思ってんのか」と殴打し回し蹴りを食らわせることもあった。先輩の勘違いやミスの責任をなすりつけられて、暴力を振るわれることもあった。

暴力の加害者は、この先輩だけではない。別の先輩リーダーも、仕事が間に合っていなかった若手の頭を何発も殴ったあと、分厚いファイルの角で頭を殴り、出血させた。被害者はやむをえず、しばらく血で汚れたシャツで仕事をしていたという。この会社では、先輩から後輩に対する暴力が「日常化」していたのだ。

「殴られるのも仕事の一つ」

ここまで読んで、疑問を持たれた方がいるかもしれない。若手社員たちは、暴力を会社に相談しなかったのだろうか？　こうした暴力が社内で問題になることはなかったのだろうか？

実は、この先輩たちの上司は、暴力を事実上容認していた。若手が先輩に殴られているところを見ても、「見なかったことにする」と言い放ち、それどころか「若手は殴られるのも仕事の一つだ。俺らのときは自ら進んで、先輩が殴りやすいように頬を差し出したもんだ。気配りが足りてないんじゃないのか」と居直る始末だった。冒頭の先輩も、「●●（上司の名前）さんは、自分が俺たちを殴ってたんだから、俺らに文句なんて言えるはずがない」と自己正当化していた。

のちにAさんが行った団体交渉の場でも、この上司は「暴力があることは知っていたが、ある程度は仕方ないかなと思っていた」と発言している。

長時間労働の「ガス抜き」としての暴力

一体なぜ、このような暴力が「解決すべきもの」ではなく、「黙認するもの」とされていたのか。この会社の社風や社員が、たまたま「異常」だったのだろうか？

実はその背後には、業界全体に蔓延《はびこ》る長時間労働の問題があった。しかも、この時期は、「働き方改革」のあおりを受けて特に忙しくなっていた。クライアントや元請けの大手企業の社員たちが、「長時間労働対策」によって土日にきっちり休みを取るようになり、それまで下請け企業の社員たちと一緒に開いていた休日の会議が禁止された影響だ。

休日前に会議を終わらせるため、締め切りまでの期日が大幅に短くなり、下請け企業の社員たちの労働の密度は一気に濃くなった。一日当たりの労働時間がさらに長くなったうえ、休日出勤もなくなるわけではなかった。平日に手が回らない仕事を休日にこなすためだ。

加えて、働き方改革に先立って、クライアントや元請け企業のコスト削減が深刻化していた。プロジェクトの単価が毎年削減され、そのしわ寄せをダイレクトに受ける下請けは、人件費をカットせざるを得なくなっていた。これに働き方改革による納期短縮が追い討ちをかけ、下請け企業は残業代も払えないまま、社員一人当たりの業務量を増やすことで凌ぐしかなかったのだ。

こうした状況の下、チームリーダーである先輩たちは多忙を極めていた。上司が取引先から膨大な仕事を取ってくるため、チームリーダーたちはそれをさばくしかなく、どんな業務をどれだけやるかの自由がない。その代わり、後輩に暴力を行使する

「自由」を与えられていた。殴る・蹴るなどの行為は、彼らの「ガス抜き」として会社から容認されていたのだ。

先輩社員たちの「暴力による労務管理」

チームリーダーを支えるAさんたちも、過酷な長時間労働に晒されていた。残業は毎月100時間程度あり、180時間を超える月もあった。厚労省が定める過労死ラインの約2倍だ。

Aさんたちは、プロジェクトの資料作成から、外回り業務に伴う様々な雑用までを行う。外回りが終わるやいなや事務所に戻って、その日の成果を資料化する。徹夜も頻繁だった。チームリーダーが翌日出勤して、すぐ仕事に取り掛かれるように準備しておくためだ。

寝不足のまま、翌朝、外回りの業務に出発することも多かったが、移動中の車内ですら寝ることは許されない。取引先の相手をする必要があるからだ。ミスやうたた寝をするなというほうが無理な話だったが、見つかった瞬間に先輩たちから殴られた。

そして、クライアントや大手元請けの働き方改革のあおりを受けた労働強化のせいで、ミスはさらに増加した。暴力やハラスメントは以前からあったが、この時期は特に過酷だったという。

チームリーダーたちは、若手たちがこうした長時間の労働に「耐えられる」ように、暴力を振るっていたともいえる。睡眠不足でボロボロでも、暴力への恐怖で思考停止に陥らせ、命令された業務を忠実にこなさせるのだ。もちろん離職者は続出していたが、残ったAさんたちは、長時間労働にも理不尽な業務にも文句を言わない従順な社員に仕立て上げられていった。

そして、つもりにつもった不満は、自分が仕事のリーダーになったとき、後輩の若手社員たちに向けて爆発する。不条理な業務と過労死レベルの残業を受け入れられる社員だけが残り、「暴力の連鎖」は、連綿と「継承」されていたのだ。

確かに、このシステムは会社が意図的に作ったものではないだろう。だが、「暴力の連鎖」は、この企業において実に「効果的」な「労務管理」の方法として、「役立って」いたことは間違いない。

出世したら、加害者になってしまうのか

日常的に繰り返される暴力行為を、若手社員はどのように受け止めていたのだろうか？　なぜ、すぐに辞めなかったのだろうか？

訊いてみると、まず、「殴られる自分が悪い」と思って、「受け入れていた」という答えが返ってきた。前述したように、暴力を受けるのは、基本的に業務で「ミス」をしたときだったからだ。もちろん実際には、長時間労働や過剰な仕事量がミスの背景としてあったのだが、それを問題視する意識はなかったという。

次に、女性を含む社員全員が暴力を振るわれており、先輩から過去の暴力の話も聞かされていたため、「みんな殴られているんだからしょうがない」「これが業界の常識なのか」と感じていたという。

さらに、「この業界での通過点として耐えようと思った」という言葉もあった。憧れていた業界であり、自分もこの世界で責任を持って活躍する立場になりたいというモチベーションで仕事を続けていたという。Aさんは、このモチベーションを失い会社を辞めたが、それ以前は、理不尽な扱いは「修行期間」だけで、「この立場を卒業すれば苦しみから解放される」という思いで耐えていた。

社内でチームリーダーに選ばれるのは、「真面目な」者が優先された。そのためAさんは、暴力も受け入れる「真面目な」社員として振る舞っていた。

ただ、同期だけの飲み会では、暴力やハラスメントを受けた話をして、お互いを慰め合っていた。「この会社、本当に何なんですか。暴力でしか人を扱えないんですか」「暴力振るうとか最悪だよな」とも吐露していた。

そして、この飲み会では、「ああはならないぞ」という決意を、みんなで確かめ合っていたという。実際、暴力を振るわず、仕事もできるチームリーダーもおり、若手たちの憧れの対象となっていた。

とはいえ、ほとんどのチームリーダーが、ハラスメントと無縁ではなかった。暴力はなくても、つい1年前まで優しかった先輩が、リーダーの立場に身を置いた途端に、後輩に対してハラスメントといえる扱いを始めたこともあった。Aさんの脳裏には、この業界で出世していくと、人間性が変わってしまい、ハラスメントの加害者になることは避けて通れないのかという諦念すら浮かんでいた。

いじめの連鎖を断ち切るための闘い

Aさんは、数年の勤務の後、この業界への夢をあきらめ、退職することにした。Aさんが退職する際の送別会で上司は、「おまえは苦しいことから逃げるのか。この先、どこへ行っても逃げ続けるんだ。死んじまえ」と同僚たちの前で言い放った。Aさんの退職が、残った社員たちへの見せしめとして、最後まで「利用」されたのだ。

この言葉がダメ押しとなって、Aさんは退職後に精神疾患になり、その後1年以上も、一人で家に「引きこもり」状態になった。

精神状態がやや回復して、インターネットで調べるうちに、ようやく労働環境が異常だったことに気づいたという。そして、たどり着いたのが筆者たちのNPO法人POSSEだった。

Aさんと最初に面談したのは筆者だった。最初に会った日、Aさんは長時間労働の実態を絞り出すように話しながら、どこまで声を上げるかについてはまだ思い悩んでいる様子だった。筆者は、そうした職場の問題にAさんたちの責任は全くないこと、問われるべきは会社であり、その責任を追及することで会社に改善を求められることなどを説明した。

また、もしハラスメントの被害を受けていたら、それについても会社の責任を追及できると説明したが、Aさんはその点に関しては黙って相槌を打つだけだった。

Aさんが暴力やハラスメントについて徐々に口を開き始めたのは、2回目の面談以降だった。Aさんにとって、簡単には記憶から呼び起こしたくないことだったのだろう。

個人で入れる労働組合である総合サポートユニオンを紹介され、会社と団体交渉をすることが決まっても、Aさんは会社に声を上げることについて、理屈では納得しつつも、どこか引け目や恐怖を感じていたという。

しかし、いざ団体交渉を始めると、その迷いはたちまち吹っ切れた。団体交渉の席で、経営者や上司たちが職場の実態を隠蔽しようとする発言を繰り返したからだ。

Aさんはユニオンの他の組合員と一緒に、元請け企業の前で、拡声器を持って、ビラをまき、街頭宣伝を行った。

会社にとって決定的だったのは、Aさんの同期が、先輩による暴力の音声データを証拠として隠し持っていたことだった。Aさんがユニオンに入って、元同僚たちにも声をかけて証拠を探していたときに、「実は俺、証拠を持ってるんだ」と打ち明けられた。いつか告発しようと機会を窺っていたのだ。

　団体交渉の結果、未払い残業を今後は続けることができなくなり、会社はいやでも長時間労働の削減に踏み切らなければならなくなった。暴力をもっとも繰り返していた先輩は懲戒解雇になった。会社に対しても、暴力やハラスメント防止に努めることを約束させた。同僚たちは暴力から解放され、自由時間ができたことに感動していたという。

　Aさんはこの業界への夢は失っていたが、交渉を最後までやり遂げたのは、暴力といじめの連鎖を断ち切り、元同僚たちのために職場や業界を良くしたいという思いからだった。その後、Aさんは新たな目標として、自分が受けた被害、そして会社と闘った経験を他の人のために役立てたいと考えている。

2　物流企業のいじめと同僚の自死

「被害者」であり、「加害者」であったBさん

次に紹介するのも、労働者が職場の暴力やいじめの実態を告発した事件だ。

Bさんは、物流系の企業で20年間、正社員として勤務していた。同僚とグループを組んでチームワークを発揮しながら、取引先や利用者を回る業務にやりがいを感じており、安定して働けるこの会社と仕事を気に入っていた。働き方に疑問を抱くこともなかった。

そんなある日、Bさんの人生を変えてしまう出来事が起きた。突然、親しかった職場の同僚が亡くなったのである。

この事件を機に、Bさんは自らが勤める会社の職場いじめの問題に、同僚として、「被害者」として、そして「加害者」として向き合うことになる。

突然の同僚の死

その日も、Bさんはいつも通り営業所に出勤して、朝礼に出席した。営業所長からの挨拶の中で、思いも寄らない事実が営業所の全員に告げられた。同じ営業所に勤務するCさんが亡くなったというのだ。Cさんの妻から営業所に、Cさんが亡くなったと連絡があったという。死因は発表されずじまいだった。

Cさんは、Bさんと同様に正社員だったが、業務内容は営業所の事務や雑用で、Bさんが外回りの合間で営業所にいる時間、気軽に会話をしたり、「これを頼みます」とお願いごとをしたり、日常的に交流があった。

確かに、Cさんは直近の1～2日間ほどは出勤していないようだった。しかし、つい数日前までは元気に働いていたCさんが突然亡くならなければいけない理由について、Bさんはそのとき見当もつかなかった。

記録されていた暴力の映像

しばらくして、Cさんの死因について営業所内に噂が流れてきた。どうやらCさんは自死したらしいというのだ。それだけではない。つい最近、Cさんが営業所内で、営業所長から暴言を吐かれているのを同僚が聞いたという。それも亡くなる2日前のことだ。

「防犯カメラを見たら、何か映っているんじゃないか？」

同僚が何気なく提案した。亡くなる2日前に何があったのか。Cさんの突然の死の真相が気になっていたBさんたち同僚3～4名は、終業時間後、営業所内の防犯カメラの映像を確認してみた。

そこに映っていたのは衝撃的な光景だった。音こそ聞こえないものの、営業所長がCさんに怒鳴り散らし、職場のパイプ椅子を持ち上げて、Cさんに向けて乱暴に投げつけていた。防犯カメラの高画質とはいえない映像でも、見間違いようがないほど鮮明に、いじめの様子が記録されていた。

Bさんたちは、ショックを受けて沈黙してしまった。これがCさんの亡くなる2日前の映像であったことが、衝撃を倍増させていた。この営業所長の行為が、Cさんの死の引き金になっていることは疑いようもなかった。

これは何かの証拠になるかもしれない。Bさんは自分のタブレットで、防犯カメラの映像を撮影しておいた。

「隠されていた」いじめ

その後、徐々に経緯が浮かび上がってきた。Cさんは営業所長から継続的にいじめを受けていたのだ。

Cさんは、もともとBさんたちと同様に、荷物を運ぶ業務をしていた。ところが、プライベートで交通事故を起こして体に障害が残ってしまい、この業務をこなすことが難しくなった。そのため、外回りの中でも身体的な負担の少ない部署への異動を希望していた。

希望は認められたはずだった。ところが、営業所の業務量が多く、人員が足りないという理由で、一向に異動は進まなかった。事故後、Cさんは営業所で雑用を担当しており、身体的な負担は軽減されていたが、同社の給与は歩合給の割合が高く、外回りを多くこなして歩合給を稼がないと賃金は低くなる。扶養家族のいるCさんは困り果て、営業所長に何度も要求を伝えたという。それが、営業所長がCさんにいじめを始めたきっかけのようだった。

Cさんは、いじめられている素振りはほとんど見せなかった。Bさんたちも就業時間のほとんどを、営業所の外で過ごしていたため、営業所に残っているCさんの様子は断片的にしか知らなかった。しかし、Cさんが亡くなって防犯カメラの映像が出てきたことで、同僚たちが、実は自分もCさんが所長から罵声を浴びせられているのを目撃したと、口を開き始めた。

いじめによるCさんの被害の全容は、現時点でも明らかになっていない。想像するしかないが、一人の人間を自死に追いやるほどのものであったことは事実だ。

Bさんも、Cさんと親しく会話していたつもりだったが、「給料が安いから生活が大変」という愚痴を聞いたくらいだった。他の人には、自分がいじめられていることを知られたくなかったのかもしれない。BさんはCさんが悩んでいたことに全く気づけなかったことを後悔し、罪悪感を覚えるようになっていた。

告発を決意するが、会社、同僚、遺族は沈黙

同社には、正社員全員が加盟する労働組合があった。Bさんの給与からは、毎月数千円もの組合費が天引きされている。ここで頼らないでどうするのか。Bさんは社内の組合と面談し、映像もあると相談した。しかし、「言いたいことがあれば本社に言ってください」「映像があっても見ません」と拒否されてしまった。

そこで、次は、本社の労働相談ホットラインに電話した。しかし、ここも聞き流すだけで、親身になって聞いてはくれず、結局誰も動いてくれなかった。

Bさんは会社を信頼していた。この会社は、「会社と社員みんなが一体となって働く」ことを社是としていた。Bさんは20年もの間、そのスローガンを真面目に受け取

り、職場のみんなは「仲間」だと思っていた。問題があれば、ちゃんと対応してくれるものだと信じていた。

それなのに、会社も、社内労組も全く対応してくれない。心底、がっかりした。従業員を仲間だと思っているからこそ、Cさんを死に追いやった営業所長を処分してくれると思っていたのに、この所長は降格されることもなく、役職を続けている。

真相に辿り着いたはずの同僚たちも、みな黙々と働き続けていた。どうしてCさんのことを誰も問題にしようとしないのか。Bさんの違和感は強くなっていった。

Bさんは散々悩んだ結果、いてもたってもいられず、Cさんの家を訪れることにした。自宅のチャイムを押すと、Cさんの家族がインターフォン越しに対応した。Cさんが亡くなった経緯について伝えたいことがあると、Bさんはストレートに告げた。

しかし、遺族から返ってきた言葉は、「そっとしておいてほしい」というものだった。職場で起きていたことを知らないのか、知ってはいたが会社に訴えることはあきらめたのか、その言葉から窺い知ることはできなかった。結局、それ以上は会話できず、面会することもできなかった。

Bさんは、念のため、防犯カメラの映像を記録したＤＶＤを、郵便ポストに入れておいた。それ以降、Cさんの家族とはコンタクトを取っていない。

この時点で、Bさんは、次にいじめの対象となるのが自分だとは想像だにしていなかった。

告発をきっかけに、自分が攻撃の対象に

Bさんが「被害者」となったきっかけは、職場で発覚した新たな労働問題だった。

Bさんの職場には、軽度の知的障害がある後輩社員のDさんがいた。このDさんが、上司によって出勤時間の記録を「改竄《かいざん》」され、毎日の労働時間を短くカウントされていたことが発覚した。改竄は数年間に及んでおり、未払い残業代の総額は100万円を超えていた。残業代未払いの労働基準法違反であると同時に、れっきとした障害者差別である。

Bさんは、この同僚と話している中で、たまたまこの事実を知った。またしても社内で不正な行為が行われ、同僚が被害に遭っている。BさんがDさんに助言したことが、告発に繋がることになった。Dさんに、過去数年分の未払い残業代が遡《さかのぼ》って支払われることになった。

それからまもなくして、Bさんに突然、異動の辞令が下った。正社員とはいえ、20年勤務してきて初めての他の営業所への異動。理由は特に説明されなかった。

しかし、障害のあるこの同僚と仲良く接していて、行動力のあるBさんが真っ先に告発の助言者として疑われたのは間違いない。

のちに会社は、Bさんと筆者たちの団体交渉の要求に対して、異動の理由を説明しているが、それはBさんが仕事中に職場で「大きな声を上げて」おり、他の従業員が怖がっている、という同僚からの「クレーム」があったからだという。身に覚えのない話で、当時そんなことは誰からも言われたことはなく、異動の指示のときも会社からそのような指摘はなかった。もし問題があったのなら、そのときに説明があるはずだ。同僚からBさんに対する不満を無理やり出させて、異動の理由をでっち上げたとしか思えなかった。

会社の労働組合に相談したところ、「遠すぎるよな」と同情されたが、それだけで終わった。誰もBさんを守ろうとはしてくれず、みんな黙々と働き続けていた。

同僚の自死と、勤務記録の改竄。会社は不正を放置し、告発した人間が嫌がらせに遭う。この二つの事件をきっかけに、Bさんは目が覚めたような、「魔法が解けたような感じ」がしたという。自分が尽くしてきたのは、職場の問題に声を上げる労働者を排除するような会社でしかなかったのだ。

何年も一緒に働いてきた同僚から引き離され、親しい人が誰もいない新しい職場で働きながら、Bさんは、これまでの自身の働き方じたいを振り返るようになっていった。そこでBさんは気づいたことがあった。

それはBさんが、かつては「加害者」だったのではないかということだ。

自分が「いじめる側」だった過去

20代半ばまで、土木建築の現場を渡り歩いていたBさんは、新聞の求人欄でこの会社を見つけ、「大きい会社だから、受けるだけ受けてみよう」という軽い気持ちで採用面接に応募した。難なく採用は決まった。同社の採用のハードルは非常に低く、常時大量採用をしていたからだ。

同社の仕事はきつかった。早朝に営業所へ出勤し、外回りの業務を終えるのは20～21時になることも頻繁にあり、その後営業所に帰って片付けなどを行うと、営業所を出るのが23時を回ってしまうこともあった。年末などの繁忙期は0時を回ることも珍しくなかった。当然のように1ヵ月の残業時間は過労死ラインを超えることになる。

しかも、業務量が多いので、取引先や利用者を回る際も、とにかく一件一件をスピーディにこなす必要があった。いくら働いても仕事が終わらない。集中力と持久力が必要になる。こまめに休憩を挟もうものなら、その日のノルマが終わらなくなってしまう。チームで業務を担当していたので、特に体力に余裕があるはずの20代や30代の従業員は、一日中外を駆け回ることになる。

Bさんはもともと、中学生のときはサッカー部で活躍し、社会人になってからも毎晩友人らとジョギングに励むなど体力に自信があり、持久力も高い方だった。そんなBさんでも、同社の業務はハードだったという。

それでも耐えられたのは、「自分だけが大変なのではない」という意識だった。周りの同僚たちがみな長時間働いていたので、不満を抱くことなく、きつい仕事を「当たり前」のものとして受け入れるようになっていた。

それから20年、Bさんは黙々と働き続けてきた。その間には、仕事が遅い後輩が同じチームに配属されることがたびたびあった。チームで業務を行うため、自分のノルマが終わると、今度は遅れている人の分を手伝うことになる。ただでさえ、ギリギリの状況でこなしているところに、他の同僚の応援の仕事が加わることは、チーム全員にとってかなりの負担だった。

そんなとき、決まって同僚たちは、仕事の遅い後輩に対して、馬鹿にする発言を繰り返したり、事あるごとにきつくあたっていた。どうしても辞めない後輩に、「本当に頼むから辞めてくれ」と懇願する同僚もいた。

膨大なノルマをチームでこなすためには、「使えない」人間を追い払って、新しい見込みのある人間に「取り替える」必要がある。そのために、仕事の遅い同僚を「辞めるようにもっていく」ことが習慣になっていた。別に、会社からスピードの遅い同僚を辞めさせせろと指示されたわけではない。現場で行われた「自発的」な行為だった。しかし、Bさんによれば、営業所のあちこちで同じことが行われていたという。

この頃の自分を、Bさんは「会社の手先だった」と振り返る。Bさんも後輩に厳しくあたる同僚に同調し、「いじめる側」にいたのだ。

いじめの根源をなくすために、改めて声を上げたBさん

会社に不当な異動をさせられたBさんは、会社に蔓延している長時間労働そのもの

を問題視するようになっていった。

もちろん、Cさんを自死に追い込んだのは直接には営業所長の責任だし、障害のある同僚の勤怠記録を改竄したのも同様だ。「使えない」同僚に対して、同僚と一緒に辞めるようにプレッシャーをかけたことは、その場の行為としてはBさんや同僚たちの責任である。

しかし、これらは、膨大な業務量の中、自分の生活の都合を主張するCさんや、仕事が遅いDさんや後輩たち、そして会社に文句をいうBさんのような人間を、会社が「生産性」を下げる「お荷物」あるいは「厄介者」と見なした結果なのではないだろうか。それにより、Bさんたちは、会社公認の「いじめても良い存在」として扱われたのではないか。だとすれば、諸悪の根源は会社であり、その過重な業務と長時間労働ではないのか。

実は、Bさんの異動後の営業所では、労働時間に関する違法行為が行われていた。勤怠記録をつける1時間ほど前に出勤して荷物の積み込みを終わらせ、8時頃に勤怠記録をつけて朝礼に参加し、営業所を出発するという習慣が定着していたのだ。会社は当然気づいていたが、黙認していた。また、勤怠記録上は休憩時間を1時間取得していることになっていたが、実際はとても取れたものではなく、荷物を運びながら合間にコンビニのおにぎりを口につっこむのがやっとだった。誰も問題にしてこなかったが、公然の事実だった。

Bさんは、早出残業の残業代が支払われていないこと、休憩時間が取れていないこと、こうした違法行為を正すことで、長時間労働を変えることができるのではないか、それが職場に横行するいじめをなくすことにもつながるのではないか、そう考えた。「傍観者」として、「被害者」として、「加害者」として、職場いじめを経験してきた者として、やらなければならないことに思えた。

Bさんは、労働相談をできる専門家や機関を探すことにした。まず、労働基準監督署に相談したが、親身に相談に乗ってはくれなかった。弁護士の無料ホットラインにも相談したが、芳しい答えは得られなかった。ようやくたどり着いたのが、個人で入れる労働組合の総合サポートユニオンである。

社外の労働組合に加入し、長時間労働や残業代未払いの問題に取り組んだことは効果的だった。労基署にもユニオンが同行し、労基署も違法行為を認めて是正勧告を出した。会社とも団体交渉を行った。その結果、残業代未払いが認められることになった。

さらに、Bさんと同時期に他の地域でも長時間労働改善のために社外の労働組合に加入して声を上げた従業員たちがおり、全社的に「働き方改革」が進められた。会社も客からの取引量の削減に舵を切り、深夜に及ぶほどの長時間労働は目に見えて減少した。

社内の「目の上のタンコブ」になって

その後、Bさんは、会社にとって「目の上のタンコブ」になった。会社としては明らかに排除したい存在だが、社外のユニオンに加入しているため、うかつに嫌がらせなどはできない。またハラスメントをしたら、会社の責任として、大々的に社会問題になってしまう。

Bさんには、業務量の多い担当は一切回ってこなくなった。会社の指示で周りの同僚たちが積極的に仕事を分担しており、残業もないわけではないが、きついというほどではなく、歩合給もそこまで下がってはいない。Bさんは毎日が「楽」だという。

職場の同僚たちも、異動当初はBさんに対して頑《かたく》なだったが、その態度もだいぶ変わり、親しげに接するようになってきたという。

さらに、こんなエピソードもある。Bさんが、勤務場所とは別の営業所を訪れ、あくまで消費者としてサービスを利用しようとしたときのことだ。社員割引のために社員証を出して名前を告げると、会ったこともないその営業所の所長が慌てて飛んできて、ふだん所長がするはずのない接客を律儀に始めたのだ。Bさんの情報が社内で共有されていることは薄々知っていたが、「何か失礼な態度を取ると問題にされかねない」といわんばかりの所長の態度に、Bさんは苦笑してしまった。

社内で孤立したBさんを支えてくれたのは、ユニオンに所属し、それぞれの職場で会社と闘っている仲間たちだった。自分が正しいことをしているという自信がなくなり、自分がおかしいのだろうかと沈み込んでしまうこともあったが、「絶対に正しい」「自信を持っていい」と励まされることで救われたという。

Bさんは、これからもこの会社で働いていくつもりだ。自分がこのまま辞めてしまったら、会社の体質はまた元に戻ってしまうかもしれない。在職しながらでしかできないことをやり続けたいと考えている。

3　過労職場で、いじめの放置が「合理的」な三つの理由

解決コストの「回避」

Aさんの会社も、Bさんの会社も、過労死ラインを超える長時間労働を背景として、暴力を含むいじめが横行していた。一目でわかる深刻なハラスメントを把握していながら、どちらの職場でも会社（社内労組も）は、まったく対応していなかった。それは、職場いじめを「放置」しておくことが、会社にとって「合理的」な何らかの理由があったからではないだろうか。

まず、一つ目として考えられるのが、解決にかかるコストの高さから、会社が問題に向き合うことを避けようとしたのではないかということだ。[*1]

職場いじめに会社として丁寧に対応することは、経営上、短期的には「コスト」が発生する。実態調査を行い、加害者はもちろん上司など責任者を処分したり、会社の責任も認めて、被害者に謝罪や補償をしたりすることも必要になるだろう。だから、

放置しておくのが、経営者にとってはもっとも懐が痛まず、面倒のない選択となる。

逆に言えば、被害者が会社の責任を追及し、社会問題化するなどして、職場いじめを放置することのほうが「コスト」がかかると経営者に理解させなければ、なかなか対応はされないのが現実だ。

ストレスの発散による「ガス抜き」

本章で挙げた事例からは、過酷な労働環境が、働いている人の意識に大きな影響を与えていることがうかがえる。特に、いじめの加害者に注目すると、もともと人格に問題を抱えていた人物が加害者になるというより、同僚をいじめる加害者の「役割」が「連鎖」していたことが象徴的だ。もっと言えば、労働者が職場によって、加害者へと「作り替えられ」ていたのだ。

Aさんの職場では、人員不足に伴う膨大な業務量、低賃金などの劣悪な雇用環境によってストレスを抱えた社員が、いじめの加害者となっていた。いじめが、職場で生じる疲労や不満などのストレスを発散する「ガス抜き」の役割を果たしていたのだ。

これが、会社がいじめを放置する二つ目の理由である。

いじめの様子を見ている周囲の同僚にとっても、傍観者として加害者側に加わることで、ストレスの発散に「役立って」いたと考えられる。会社からすれば、いじめのおかげで、社員から不満の矛先を向けられる恐れが減る。加害者が自分の職場ストレスを発散するために無自覚に行っていたいじめが、会社にとっては、過酷な職場の「統治」に役立っていたというわけだ。これは近年の職場いじめの多くに見られる傾向で、本書で紹介する事例でも、ほとんどのケースにあてはまる。

心神喪失による「思考停止」

同時に、Aさんは、暴力を伴ういじめを受ける中で、感覚が麻痺し、自分や同僚が徹夜で働いていたり、殴られたりしていても、あまり気にならなくなり、関心を失っていったという。過労職場のいじめには、単に不満の矛先を逸らすだけでなく、労働者の思考を奪うという「効果」が見られるのだ。

ただでさえ、長時間労働や膨大な業務によって正常な思考ができず、仕事以外のことが考えられなくなっている労働者に対して、追い討ちをかけるように暴行や暴言を浴びせることで「心神喪失状態」に追い込み、Aさんのように働く環境に全く疑問を抱かなくなり、さらに黙々と働くようになる。これが、いじめが放置される三つ目の理由だ。

本書の冒頭で紹介した神戸の小学校の職場いじめでも、ここに挙げた三つの理由がすべて揃っていた可能性が指摘できる。加害者が経験のある教員であったことから、解決コストを「回避」したいという意識が働いていたこと。長時間労働が常態化しており、いじめが加害者にとってストレスの「ガス抜き」の役割をしていたこと。そして被害者が、心神喪失状態で「思考停止」に追い込まれていたことだ。

だが、職場いじめが会社にとって「合理的」である理由はこれだけではない。次章以降で見るように、職場いじめは労働者の内面に、より決定的な影響をもたらすのだ。

＊1　筆者が理事を務めるNPO法人POSSEでは、労働相談を通じて把握した長時間労働やハラスメントなど職場の実態を告発すると同時に、代表理事・今野晴貴の『ブラック企業』（文春新書）（本書では第六章で主に参照する）などの著書を通して、そうした実態を生み出す労務管理や労働市場の構造を分析し、公表してきた。

労働問題解決のための「コスト」については、労働者側に多大なコストを負担させて権利行使をあきらめさせる目的で、会社側の弁護士や社労士によって不当な訴訟や脅しが用いられる手法が、今野晴貴『ブラック企業ビジネス』（朝日新書）で紹介されている。さらに、同『ブラック企業2』（文春新書）では、会社が不条理な研修をしたり、ハラスメントや虐待を行ったりすることで、労働者を「心神喪失状態」に追い込み、長時間労働に耐えさせる構造を指摘している。

第三章　保育・介護職場のいじめ

1　なぜ、保育・介護に注目するのか

職場いじめが一番多い業界は「医療・福祉」

職場いじめの相談が一番多い業界、それは「医療・福祉」である。

東京都産業労働局の「東京都の労働相談の状況」の集計を見ると、２０２０年度になされた職場いじめ相談のうち、もっとも多かった業界は「医療・福祉」（１４８０件、18・９％）で、２位の「卸売業・小売業」（７０２件、８・９％）、３位の「情報通信業」（６８６件、８・７％）に２倍の差をつけている（図３―１）。

単に多いだけではなく、増加傾向にあるのが見てとれる。２０１１年度の同統計で「医療・福祉」は７３７件だったが、２０２０年度は１４８０件と10年で２倍に増えている。順位も、２０１１年度は「情報通信業」が１位だったが、翌２０１２年からは９年連続で「医療・福祉」がトップだ。

筆者が役員を務める「ＮＰＯ法人ＰＯＳＳＥ」と「総合サポートユニオン」の２０

図3-1　業界別（上位４位）、職場いじめ相談の件数の推移

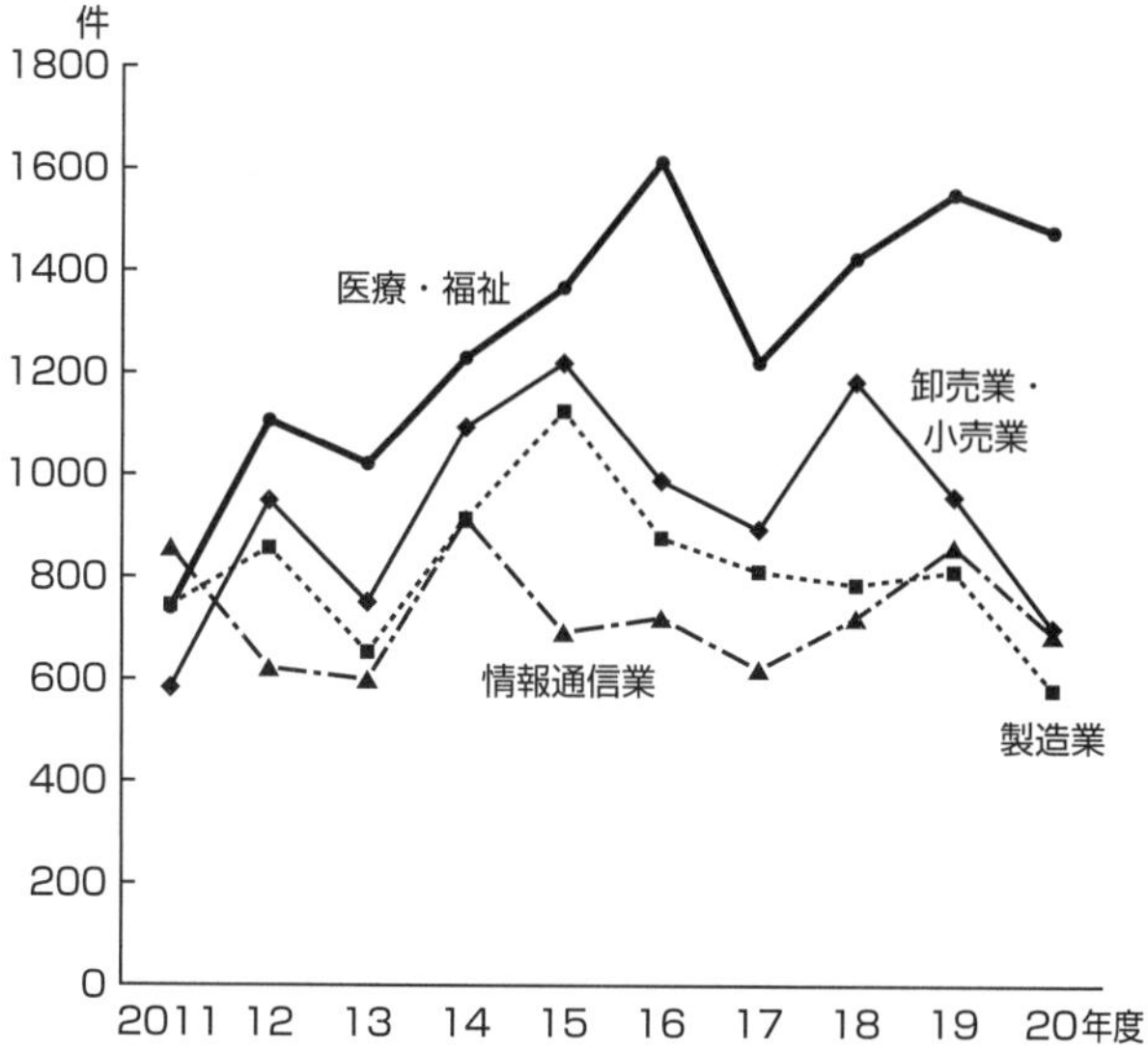

東京都産業労働局「東京都の労働相談の状況」をもとに作成

１９年度の統計でも、「パワハラ・いじめ」の相談を産業別にまとめたところ、やはり「医療・福祉」が25・２％で１位、２位の「卸売業・小売業」（12・０％）の倍以上だった。

「医療・福祉」の業界で職場いじめが発生しやすい理由としてよく挙げられるのは、人が密集していて人間関係も密なためトラブルが生じやすいこと、仕事内容がケア労働で対人サービスが主な業務となるためストレスが発生しやす

図 3-2　主な業種別、パワハラの予防・解決のための取り組みを行っている割合

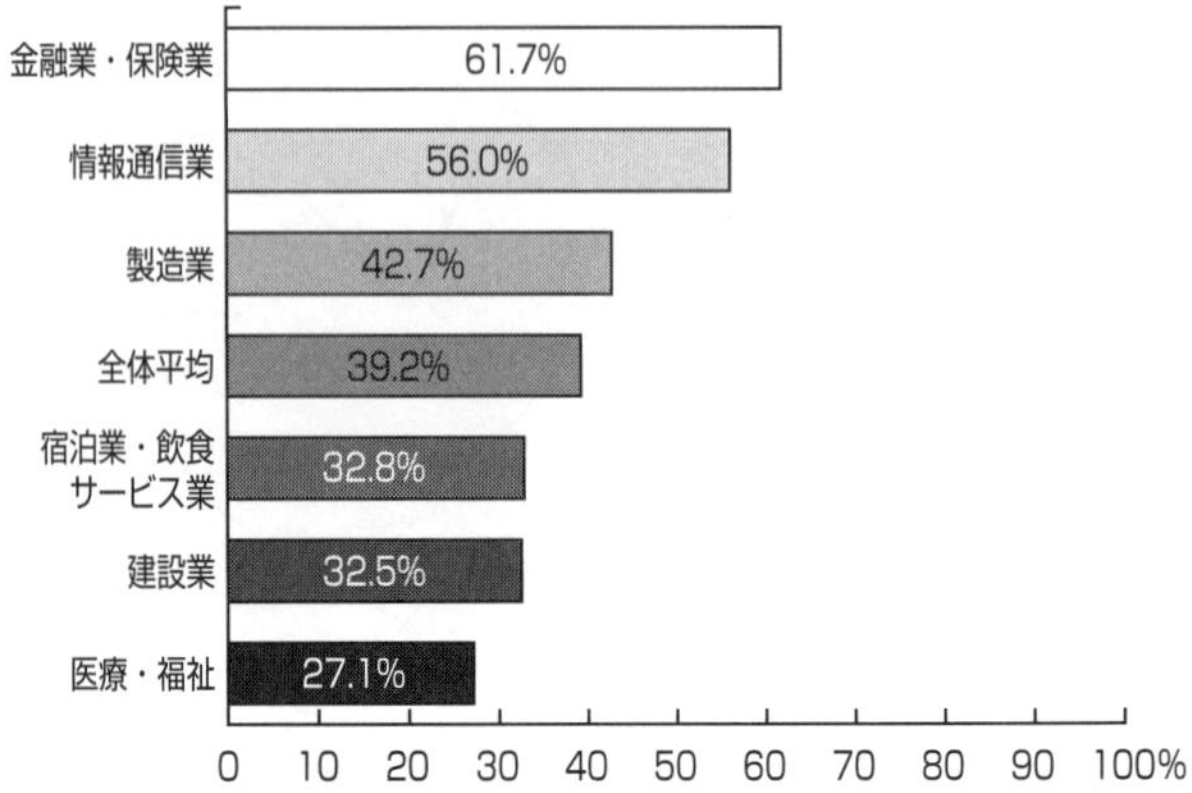

厚生労働省「職場のハラスメントに関する実態調査」（2020年度）をもとに作成

いことなどだろう。しかし、ことはそう単純ではない。

いじめ対策ワースト1位！

医療や福祉業界の職場いじめの多さには、経営者の対応が大きく影響している。

厚労省が2020年度に実施した「職場のハラスメントに関する実態調査」の数字を見てみよう。勤務先が「パワハラ」の「予防・解決のための取り組み」を行っているかという質問に対して、業種別に労働者の回答がまとめられている。

取り組みを行っている業種の1位は

「金融業・保険業」で61・7％、2位は「情報通信業」の56・0％だ。これに対してワースト1位は「医療・福祉」で、なんと27・1％しかない（図3－2）。全体平均の39・2％を10ポイント以上下回り、全業種で唯一、3割を割り込んでいる。言い換えれば、医療・福祉業界では、7割以上の職場において、パワハラ対策が講じられていないということだ。

いじめが一番多いのに、もっとも対策が行われていない。あるいは、もっとも対策を行っていないからこそ、いじめが一番多いのか。いずれにせよ、この業界の経営者の多くは、職場いじめを意図的に放置し、いじめを起きるままにしているという誹《そし》りを免れないだろう。

保育・介護の職場から届いた相談メール

いじめ相談は、病院や障害者福祉施設からも多いが、ずば抜けているのは保育と介護の職場からだ。

「保育」または「介護」と、「いじめ」という単語でインターネット検索をすると、体験談とともに、どのようにすれば上司や先輩に嫌われないか、自分自身がいかに変わるべきかなど、対処法を指南する記事が多数ヒットする。

こうしたインターネットの情報においては、その職場の根底に何があるのかまで言及されることはない。しかし、職員同士の人間関係がきっかけであるにしても、福祉の職場の過酷な労働環境がその土壌となっており、近年、それはさらに悪化している。

「総合サポートユニオン」の支部である「介護・保育ユニオン」には、次のようなメールが頻繁に届く。これは2021年に寄せられた、就職して1年目の20代女性からの相談だが、非常に典型的な内容なので、ほぼそのまま引用したい。

「職場でいじめを受けています。ほかの職員は和気あいあいと話しているのに、私だけ無視されています。それだけではなく、仕事中動かない、空気が悪いなどと陰口や悪口を言われています。園長にも、あることないことを吹き込まれています。そんな状況を園長も把握しているのに、他の職員との面談だけして、私の話は聞いてくれません。どうしたら良いでしょうか」

これだけだと、単に職場でいじめられているという事実しかわからない。

ところが、この相談メールに記載されていた基本情報に目をやると、職場のイメージが立体的なものになる。正社員なのに、基本給はどう見ても最低賃金ギリギリ。残業代は月数千円が固定で払われているが、毎月の残業時間はかなり長く、未払い残業の常態化が見て取れる。職員の数も非常に少ない。劣悪な待遇にもかかわらず仕事の負担は大きく、充満した不満がいじめというかたちで噴出している様子が浮かび上がってくる。

残念ながら、この相談者からは、これ以上の詳しい話を聞くことはできなかった。いじめ被害の実態を必死の思いで伝えて、しかしその後の連絡が途絶えてしまう相談者は実に多い。本章では、膨大な相談の中から、職場の様子などいじめを取り巻く情報が比較的はっきりと把握できた事例を多数紹介していく。

ケア労働の最前線で、どのようないじめが蔓延しているのだろうか。保育や介護の現場で、何が起こっているのだろうか。

2　保育園のいじめ事例

ケース1　同僚のからかいがいじめの引き金に

Aさんは、社会福祉法人が経営する、園児数が100人を超える認可保育園で1年更新のパートタイム保育士として働いていた。これまで、自身の子育て期間を挟んで10年以上保育士として経験を重ねてきた。

Aさんは、同僚からいじめを受けていた。発端は、同じ非常勤保育士のBさんの行為だった。Bさんは、Aさんの名前をもじって、小学生のようなからかいをしていた。Aさんは不愉快だったが、対立するのは良くないと思い、Bさんに頭を下げて、やめてほしいと頼んだ。するとBさんは、「どう呼んだって勝手でしょ」「指図してるよね」と逆に怒り始めた。

実はBさんはふだんから、園の掃除や消毒をサボっており、「こんな仕事はうんざり」などと言って、園長が見ていないときは、ずっと別の部屋で休憩しながらお喋りしており、そのフォローをAさんがしている状態だった。そのことを園長や主任に伝えても、指導が行われることはなかった。Bさんは真面目なAさんを疎《うと》ましく思っていたようだった。

その裏には、この保育園の構造的な問題があった。園長や正社員の保育士は、非正規雇用の保育士を一段下に見ており、見下されている非正規の保育士は、同じ立場の保育士にストレスをぶつけるしかなかったのだ。この園では、非正規のみがトイレ掃除やコロナウイルス感染対策のための消毒をさせられていたが、園長は「正社員を守らなきゃいけないから」とこれを正当化していた。また、子どもたちの前でも、正社員は「先生」と呼ばれるが、非常勤の保育士は「さん」付けで呼ぶことが徹底されていた。非正規の保育士を、対等に扱うつもりは初めからない保育園だったのだ。

Aさんから呼び方について指摘されたことを、Bさんが園長に報告したらしく、Aさんは園長に呼び出された。園長の発言は意外なものだった。「誰がどう呼んだっていいじゃない。被害とか加害とか、私そういうの嫌いなのよ。あなたの方が〝要求〟してるじゃない」

園長は、非正規同士の「いさかい」などには関心がなく、むしろAさんの方がトラブルの元凶だという口ぶりだった。

それどころか、園長は「あなたこの職業向いているの？　他を探した方がいいんじゃない？」と、Aさんが保育士失格であるかのような発言までした。

保育士全体に広がったいじめ

その後、園長からBさんが「お咎めなし」だったことを合図とするかのように、Aさんに対するいじめは、同僚の保育士全体に広がった。

Aさんの靴箱の名札が剝がされたり、泣いている園児をあやすために持ってきていた私物の人形がなくなったり、手作りした園児の名札もゴミ箱に捨てられたりした。犯人は誰かわからない。

園の全クラスを束ねる主任の保育士も、Aさんにだけ、資料を締め切りが迫るまで配付しないことや、行事の計画表を渡さないなど、情報を流してくれないことがあった。「Bさんに名前の呼び方で馬鹿にされるのがつらいです」と主任に相談したところ、次の日、Aさんの翌月の勤務表が真っ白に塗りつぶされ、シフトが抹消されていた。

断っておくと、同じ非正規のBさんが職場で力があるとか、会社の上層部にコネがあるというわけではない。

単に、自分がからかわれたり、同僚が怠けていたりするくらいで、わざわざ「いざこざ」を起こす非正規職員のAさんの方が、園にとっては「問題人物」であり、結果、みんなのストレスの「はけ口」として、あるいは追い出すべき「邪魔者」として、「いじめても良い存在」になってしまったのだ。

納得できなかった園児への虐待

この園にはもう少し背景があった。園児への「虐待」の隠蔽である。

主任や正社員の保育士が、なかなか言うことを聞かない一部の園児を明かりを消した部屋に閉じ込めて、「教育」する習慣が常態化していた。

この保育園は、100人ほどの園児を抱える大規模保育園なので、保育士一人が見なければならない園児の数が多く、一人一人に手をかけていられない。そこで、「手のかかる」園児を物理的に拘束し、恐怖を与えて大人しくさせていたのだ。

主に閉じ込められていた園児は年長児で、自分が受けた被害を保護者に話すことができたため、虐待があったのではないかと保護者会で追及された。

園長は保護者に対して、「暗い部屋でプラネタリウムをしていた」と嘘の説明をして乗り切ろうとしたが、さすがにそれでは収まらず、最終的には加害者の保育士たちを系列の別の保育園に人事異動させることで、問題をなし崩し的に終わらせた。

園長は、この対応について、「職員を守らなくてはいけない」と話していたが、Aさんは本当に守らなければいけないのは子どもの方なのではと思い、園長たちの発言に同調せず、懐疑的な素振りを隠さなかった。そうした態度も、園長や他の保育士がAさんを疎むことに拍車をかけていたようだ。

「言い返さなきゃよかったね」

同僚からのいじめに疲弊していたAさんにとどめを刺したのが、この年の秋に行われた園長との面談だった。園長から、来年度のAさんの雇用契約について、「更新はしません。半年前に言ったから、あとは他を探してね」と雇い止めを通告されたのだ。

他の非正規職員は契約更新されており、園の経営が悪化した様子も見当たらない。

理由を尋ねると、「みんながAさんの苦情を言っているから」だという。そして、面談の終盤、園長はこう口走った。「言い返さなきゃよかったね」。Bさんのからかいのことなのか、園児への虐待のことなのか。いずれにしても、波風を立てるような保育士はいらないと言われたも同然だった。

園長は、Aさんを追い出して、園に「平穏」を取り戻したいだけだった。過去にも園長は、自分が「気に入らない」保育士を突然辞めさせたことがあった。

Aさんは園長に対して、「改めるべきことは、改めます」と不本意ながら頭を下げた。

改めるべきはAさんではなく、非正規職員や園児を軽視し、保育園を「無事に」運営することしか考えていない園長の方なのだが、Aさんは従順に振る舞うことを選ぶしかなかった。

ケース2　虐待を報告したら、徹底的な無視が

40代のCさんは、子どもが大学に進学して手がかからなくなったことや、夫が亡くなり経済的に厳しくなったことをきっかけに、保育士の資格を取得し、東京都内の保

育園にパートタイムで勤務することにした。

50人ほどの園児を抱える中規模の認可外保育園だが、東京都独自の基準を満たすことで、補助金を得られる認証保育所になっており、ひどい園ではないだろうと、初めて保育園に勤務するCさんは期待していた。

しかし彼女は、職場でいじめを受けたことを理由に、自分から保育園を辞めてしまった。クラスの担任を務める先輩から無視を続けられ、園長に相談しても一向に改善しなかったのだ。

いじめの加害者は、約30年の経験がある保育士で、Cさんが担当していた2歳児クラスの担任だった。働き始めた頃は、全く問題はなかったのだが、ある出来事を境にいじめられるようになってしまった。きっかけは、園児に対する虐待である。

この担任が、昼食をなかなか食べようとしない2歳の女の子を、部屋の隅に作られた囲いに閉じ込めるということが起こった。この子が「出して」と泣いて手を伸ばし、叫び声が響く中、残りの園児たちは黙って食事を続けた。園児たちの食事が終わってから、ようやくこの子は解放された。Cさんは衝撃を受けたが、担任に反対することはできなかった。その後も、この女の子は泣くたびに、担任から「泣くんじゃない」と怒鳴りつけられ、唇を嚙み締めて震える日が続いた。

また、別の日、折り紙をすることになったときのことだ。他の園児に比べて発達の遅れがある男の子が折り紙に参加せず、部屋の隅で遊んでいたところ、この担任保育士が馬乗りになり、足を引きずってみんなのところに戻し、羽交い締めにして、無理やり折り紙に参加させようとした。男の子が大声で泣き叫んだところ、あきらめて放置された。Cさんがその子をフォローしようとして近づくと、担任から「ほっといて」と怒鳴られてしまった。

さらに、別の2歳児が、散歩の途中、「おしっこ」と訴えてきたので担任に相談すると、「なんで今頃言うの、知らないわよ。勝手にすれば」と言われ、そのままオムツにおしっこをさせてしまったこともあった。

我慢できなくなったCさんは、担任の虐待を園長に報告した。園長から担任に形式的な注意がされ、さすがに露骨な虐待は減った。しかし、それがいじめの発端だった。

Cさんは担任から徹底的に無視されるようになり、朝の挨拶や休憩中の世間話はもちろん、園児についての情報共有までもスルーされるようになった。園長にも相談したが、受け流すだけで、まともに取り合ってもらえなかった。他の保育士も巻き込まれたくないのか、誰も助けてくれなかった。

この保育園も、園児に対する保育士の人数は法律で定められた最低基準を満たしてはいたが、ギリギリだった。保育士は休憩を1時間取ることなどもちろんできず、トイレは基本的に仕事が終わるまで我慢するしかない。そうした状況下で、園児と職員への虐待的な管理が横行していたのだ。

1年近く働いたが、過酷な労働と無視に耐えられなくなり、Cさんは自分から退職。現在は保育士を辞めてしまった。

ケース3　定時退社を理由に「雑用係」に

20代のDさんは、社会福祉法人が経営し、数十人の子どもを預かる認定こども園に、正社員の保育士として就職した。採用面接では「残業はない」と聞かされており、働きやすい保育園だと思っていた。

ところが入社して、実際に定時で帰宅すると、翌日に先輩保育士たちから「いいご身分ね」と嫌味を言われ、いじめが始まった。「新人の役割だから」という理由で、毎日、休憩時間になると職員全員に緑茶や紅茶、コーヒーなど希望の飲み物を聞いてまわり、コップや湯呑みについで運ぶという「雑用係」をさせられるようになった。当然、Dさんの休憩時間は削られる。

しかも、残業なしと言われたのは真っ赤な嘘で、正社員の保育士たちは書類を書くために毎日3～4時間の残業をするのが普通で、Dさんも先輩の「指導」を受けて、それに従わざるを得なかった。

約束と違う長時間残業と、それを発端とする先輩からのいじめ。納得できなかったが、自分で声を上げるのは怖かったため、夫に相談した。夫が園に何回か電話をかけてくれたが、そこにいるはずの園長も主任も「不在」を続けて逃げ回り、いじめを放置した。3ヵ月ほど働いたが、Dさんは退職を決意した。

ケース4　職員同士が対立して行事も失敗

新卒の正社員としてEさんが就職したのは、100人を超える園児を預かる大規模な認可保育園だった。驚いたことに、ここでは約30名いる保育士たちは小さなグループや個人に分かれて、それぞれの人格や仕事ぶりについて悪口を言い合っていた。いじめ合戦ともいうべき状態で、この対立がヒートアップすると、まだ数ヵ月しか勤めていないEさんは黙ってやり過ごすしかなかった。

保育士の間では、仕事をする上で最低限必要な意思疎通すらできていなかった。通常の保育もさることながら、運動会などの行事になると、分担していたはずの業務ができていないことから、保護者もいる前で職員同士が喧嘩のようになってしまう。Eさんは、近いうちに事故が起きて、園児に怪我をさせてしまうのではないかと心配でしょうがないという。

保育士たちがギスギスしているのは、単なる人間関係の問題ではなかった。背景には、人員不足と長時間の未払い残業があった。この園でも、国の配置基準ちょうどの職員数しかいないため、保育士が一人欠けただけでも、園がまわらなくなってしまう。もちろん休憩も取れない。

この園では一応残業代は出るのだが、支払われるのは18時までという決まりがあった。仕組みとしては、タイムカードがない代わりに、出勤時間と退勤時間を記入する出勤簿があるのだが、退勤時間がどれだけ遅くなっても18時と書くように指示される。シフトの拘束時間は、就業時間8時間と、実際は取得できていない休憩1時間の、合わせて9時間。そのため、園児が登園する時間帯を担当する早番の保育士は、朝7時半から16時半までがシフトの拘束時間となり、残業した場合はそこから18時まで、つまり最大1時間半分の残業代が支払われる。しかし、遅番の保育士は、9時出勤のため、どれだけ残業しても退勤時間は18時と記入せねばならず、残業代は一円ももらえない。

その一方で、人手不足のため一人当たりの業務量は多く、みんな書類仕事などで毎日2～3時間の残業をしている。Eさんも、22時まで残って作業することがあった。しかし、園の決まりで、残業代はほとんど支払われない。そのため、早く帰れないことを互いのせいにして、ストレスをぶつけ合う悪循環が生じていたのだ。園長や経営者は人件費削減を優先し、職員同士の対立や、意思疎通もできない職場環境は放置されたままだ。

ケース5 「可愛いからって許されると思うなよ」

社会福祉法人が経営する園児100人ほどの大規模な認可保育園に、新卒未経験で就職した20代のFさん。採用面接のとき、入社1年目は、先輩の保育士について勉強すると言われて安心していた。

ところが、園内には、配置基準ギリギリの人数の職員しかおらず、そんな余裕はなかった。前の年の離職者も多かったようで、Fさんは4月から、いきなり幼児十数人の主担任を任されることになった。園長に相談して、新人で経験もなく無理だから辞めたいと相談したところ、「もう少し頑張ろう」と励まされるだけだった。

一方で、先輩や同僚からは「可愛いからって許されると思うなよ」と、担任を拒否しようとしたことでいじめの対象となった。指導でも他の人より厳しくあたられ、無視されるなどのいじめが始まった。

過大な業務といじめに耐えかね、Fさんは精神疾患を発症して約3ヵ月で退職。もう保育園では働きたくないと考えている。

ケース6　人格否定と無視も「指導のうち」

20代のGさんは、150人の園児を抱える大規模な保育園で働き始めた1年目の正社員保育士である。入社前の面接の雰囲気は良かったのだが、いざ働き始めてみると、自分だけ目をつけられ、主任から「指導」と称して「バカ」などと人格を否定する発言をされた。Gさんは、「指導」を受けるたび、ひたすら謝り続けなければならず、食欲がなくなり、眠れないなどの症状に悩まされるようになった。また、この主任はその日の気分で態度が変わり、無視されるなどの嫌がらせが半年以上続いた。

園長に相談したところ、特に問題視する様子はなく、「新人は怒られて成長するもの」と説明され、全く対応してくれなかった。

そもそも残業はほとんどないと聞いていたのに、毎朝7時40分に出勤してから、19時頃まで働かされ、しかも残業代は払われたことがない。心身の調子を狂わせたGさんは、保育業界は自分には合わないとあきらめ、1年で退職するつもりだ。

背景には、少なすぎる配置基準による人手不足

一見、人間関係のもつれにも見える保育職場のいじめ。しかし、そこに共通するのは、人手不足による過酷な労働である。

では、なぜ人手不足が生じるのか。もともと保育園には、国の定める保育士の配置基準の人数が少なすぎるという問題がある。年齢ごとの園児の人数に応じて、最低限必要な保育士数を定めているのが配置基準で、行政が保育園に払う運営費には、その

配置基準分の人件費が含まれている。

しかし、この配置基準は園児数に対して必要な保育士数を非常に少なく定めており、運営費の中の人件費はその配置基準分しか支給されない。つまり、配置基準より多い保育士を雇っても、追加の人件費は払われないのだ。そのため、保育園は保育士の数をギリギリまで抑え込むことになる。

そして、2021年からは、この配置基準がさらに緩和され、従来は正社員の保育士がいなければ認められなかったクラスの担任を、非正規保育士（多くが主婦パート）だけでも可能にした。人手不足を、保育士の数を増やすのではなく、非正規保育士の負担を増やすことで対応しようとしているのだ。

こうした結果、一人の保育士で多くの子どもたちの対応をしなければならず、休憩時間を取るどころか、終業時間までトイレにも行けないほどの、ひどい働き方が求められるようになった。いつ事故が起きるかもしれない恐怖と隣り合わせの中、心身ともに疲弊する保育士が続出している。

運営費を目的に参入する企業が続出

ここ数年、保育園不足を解消するため、保育園経営に外部の業界から参入しやすくする仕組みが作られたことも追い討ちをかけている。

先に述べたように、厚労省は保育園に、在籍する園児数に応じた配置基準分の人件費を、運営費に含めて支給しており、その額は運営費の約8割を占める（小林美希『ルポ 保育崩壊』〔岩波新書〕に詳しい）。2000年以前は、運営費の使い道は厳格に決まっており、その約8割が、そのまま人件費にあてられていた。これに、国が保育士の賃金に上乗せするよう支給している処遇改善等加算や、東京都独自の人件費への補助金を足すと、東京23区の保育園に勤務する経験7年目の保育士であれば、年収は560万円ほどになる。

ところが、2000年以降、新規事業者の参入を促すため、保育園が利益を確保しやすいよう、この運営費の使い道についての制限が緩和されたのだ。

決定的だったのは、待機児童対策が過熱する中、2015年の規制緩和によって、株式会社が運営する場合は、保育士の人件費や保育園の運営に使うはずの運営費を、株主への配当にまで使えるようにしたことだ。

これでは、運営費に人件費として計上している意味がないのではないか。筆者は内閣府を訪れ、担当者に面談して尋ねたが、運営費の約8割が人件費というのは、あくまで「目安」に過ぎないから問題ないという答えだった。

かくして、保育士の数は配置基準ギリギリに抑え、配置基準の人数に応じて支給される金額を大幅にピンハネして利益を得る方法に歯止めがかからなくなった。8割支給からかけ離れた事業所が、非常に多くなっているのだ。特に株式会社が運営する保育園には、運営費のうちわずか2〜3割しか保育士の人件費に回っていないというケースまである。フルタイム勤務なのに月給は20万円台前半、年収200万円台という保育士の相談者も珍しくない。非正規雇用の場合、時給が都道府県の定める最低賃金まで抑えられていたり、正社員でも、基本給が最低賃金レベルだったりする。

最近になればなるほど、保育に何の関心もなく、利益だけを目的とした経営者が増えてきた。経営者は園長に経営を「丸投げ」し、現場を取り仕切る園長は、会社の求めに応じて利益を上げるため、ひたすら「コストカット」に励む。株式会社だけでなく、社会福祉法人が経営する保育園でも、この規制緩和の恩恵を受けようと、職員数や給与を減らすなど、利益優先の傾向が強まっている。

3　介護施設のいじめ事例

ケース1　「改革」がもたらした職場いじめ

60代のHさんは、サービス付き高齢者住宅で働き始めて2年目の嘱託介護士だ。この施設は、首都圏に約20施設を展開する医療法人が運営し、約100人の高齢者が居住している。デイサービスや定期巡回、訪問介護なども行われる大規模な施設だ。Hさんは、週5日、一日8時間のフルタイムで、日中の勤務と泊まりがけの深夜勤務のシフトを、両方担当しながら働いていた。

この年、それまで年間数百万円の赤字を出していた経営を立て直すべく、新たな支配人（施設長）が就任した。新支配人は、黒字に転換すべく、様々な改革を断行することになる。しかし、それは、Hさんたちに対するいじめの始まりだった。いじめの「助走」となる、施設の「改革」から説明していこう。

支配人が、まず手をつけたのは介護備品の「節約」だった。介護の必需品である手袋やマスクは、それまで施設の経費で購入し、職員は自由に使えていた。しかし、それが一日1枚に制限され、手袋の種類も薄い安価なものに変更された。職員は、排泄介助や掃除をした後も同じものを使い回すか、自腹で購入したものを使うしかなくなった。Hさんは、仕方なく自分で買い足して使用した。

しばらくすると、手袋やマスクの支給自体がなくなってしまった。なんと、必要になったときに、入居者に購入させる仕組みになったのだ。手袋が必要になると、入居者に「買ってください」と頼ませ、その分は入居者に負担させるのだ。これで手袋、マスク代のカットに「成功」した。

次に、週2回とただでさえ少なかった入浴を、認知症や会話のできない入居者は週1回に制限した。

入居者の食事代の水増しも横行しており、実際の食費より高い食事代が徴収されていた入居者が何名もいたことが発覚した。差額が3万円にのぼる入居者もいた。気づいた入居者が支配人に問いただすと、「私は知らない。計算を間違えたのはこの人」と副支配人に責任を押し付け、開き直った。

さらに、1年以上入院していて、施設にいなかった入居者の食事代まで引き落とされていた。部屋に残していた羽毛布団などの高価な私物は、なぜか紛失していた。

1年で30名が退職

職員の残業代も削られた。「今月は給与の支払いが多かったから、20万円の赤字が出た」「残業は控えるように」と支配人から通知があり、遠回しに「残業代はつけるな」との圧力がかけられた。しかし、業務量が減るわけではない。非正規雇用のHさんも、一日30分程度の未払い残業をしていた。正社員の中には、朝の9時から夜23～24時まで働きながら、残業代をもらえていない人や、夜勤の後さらに24時間続けて「未払い」で働く人まで現れた。

残業代以外の賃金も誤魔化された。低賃金に苦しむ介護職員のため、国が補助している給付金も、支払われる額が月によって異なり、そのまま給付されていないことは明らかだった。固定で支給されていた交通費すら払われない月もあった。

支配人が経理も兼ねていたため、このような不正会計による「節約」が自由にできたようだ。ある日、経理担当の事務職員が雇われたが、わずか1日で退職してしまった。次に雇われた経理担当も2ヵ月で辞めた。支配人の圧力と不正会計が背景にあるのは間違いない。

他の職員も続々と退職し、支配人就任後のたった1年で、職員のおよそ半数に及ぶ約30名が職場を去った。支配人は大量離職による人手不足を受け、「これまでの2〜3倍の仕事をしなさい」と残った職員たちに要求した。掃除の手が回らなくなり、施設は汚れが目立つようになっていった。しかし、人件費を大幅に削減しながらも、辛うじて施設の運営はできていたため、これも「効率化」の「成功」として支配人の「功績」となった。

さらに、この年は新型コロナウイルスの感染拡大があり、支配人は職員に、「コロナに感染したら、会社が訴訟する」と脅した。

感染対策のため、朝・昼・夜の3回、入居者全員に対する安否確認の業務が増えた。入居者の部屋を一つずつ訪ねて、夜の就寝の挨拶と朝の挨拶、体温測定を行うのだ。もし部屋にいなかったら何度も訪ねて確認する。夜と朝は、夜勤の職員しかおらず、たった2人で約100人の入居者を見回ることになった。

アルコールで手すりなどを拭く作業も必要になり、身体的な負担は増した。業務がますます過酷になるなか、それでもHさんは入居者に迷惑はかけられないと、サービスの質が劣化しないよう努めていた。

支配人による、子どもじみた嫌がらせ

施設内で、こうした「改革」と並行して勃発したのが「いじめ」だった。

支配人は、ストレスの発散のため、職員に対して子どもじみた嫌味をネチネチと言った。介護の資格を持たず、補助的な業務のみを担当していた女性職員は、「あなた資格持ってないの」と馬鹿にされ、体力がないのに力仕事を押し付けられた。

特に標的となったのがHさんだった。Hさんは、こうした施設内の問題に黙っていられず、支配人に意見していたため狙われたのだ。

ある暑い夏の日、Hさんが夜勤明けで疲弊していたとき、支配人が施設の周りの草刈りを全員でやってもらうと言い出した。ただでさえオーバーワークなのにさらに業務を増やす支配人に対して、Hさんは「みんなでやるということは、支配人もやってくださるんですよね」と返した。引くに引けなくなった支配人は草刈りに参加したが、この「事件」が決定打となり、Hさんはますます攻撃を受けるようになった。

支配人はことあるごとに、「あなたは私にいろいろ言うけど、あなたこそちゃんと仕事をできていないじゃない」と揚げ足を取るようになった。数ヵ月に一度、誰でもやってしまうようなタイムカードの打刻ミスがあっただけで、「あなた年中ね」などと嫌味を言われた。

支配人の嫌がらせは陰湿かつ多岐にわたり、「あなたが腰が痛いと愚痴ばかりこぼしていると、職員みんなから不満を聞いた」「退勤時間前に帰っているとみんなに聞いた」などと、Hさんに文句をつけた。Hさんが周りの人に聞いても、「そんなこと支配人に言うわけがないですよ」と困惑するばかりだった。

Hさんが特にショックを受けたのが、夜勤明けに、痛めた腰を屈めて立っていたときのことだ。通りかかった支配人が、Hさんを指差して、「Hさんの腰が曲がってる！」と職員たちの前で嘲り、大声でゲラゲラ笑い始めたのだ。Hさんは支配人に「〝大丈夫？〟とか言えないんですか」と一矢報いた。職場の同僚は誰も支配人に同調して笑ってはいなかったが、Hさんと一緒に抗議してくれるわけでもなかった。

すでに支配人に従順な職員か、生活のためにどうしてもここで働くしかない職員しか、施設には残っていなかったのだ。

後輩もいじめに参加

同僚の中から、いじめの加害者となるものも現れた。Hさんの後に就職し、主任に昇格していた後輩の職員だ。この後輩は、支配人に意見を言うHさんに対して、「そんなこと言ったらだめじゃない。支配人の方針に従わないと」と、事あるごとに支配人に加勢してHさんに追い討ちをかけた。

この後輩は問題人物で、オムツの下に敷くパッドの使い方も杜撰《ずさん》だった。普通、パッドを一枚ずつ使って汚れたらお尻を綺麗にして交換するところ、あらかじめ2枚を重ねてお尻にあてておき、汚れたら1枚を引き抜くという「効率的」な方法を編み出した。お尻が痛んで赤くなってしまうため、入居者の中には、この後輩が来ると部屋の鍵を閉めてしまう人もいた。

実はこの人物は、介護福祉士の資格を取得してまだ1年目の新人にすぎず、知識も経験も圧倒的に少ない。Hさんは介護福祉士の資格を10年以上前に取得しており、知識でも経験でも上回っていた。支配人に追従することで、主任の役職に取り立てられたことは明らかだった。「Hさんが愚痴ばかり言ってる」という嘘をばらまいていたのも、この主任のようだった。

法人が黙認したいじめ・虐待

職員に対する仕打ちを毎日見ていた入居者たちからは、自分たちも被害者であるにもかかわらず、Hさんたち職員がかわいそうだと同情されるまでになっていた。支配人に怒鳴り込んでくれた入居者もいた。

ところが支配人は、入居者からの抗議を受けて改善するどころか、「あなたたちが悪いからこうなる。あなたたちが入居者を焚《た》きつけた」などと、Hさんたちを非難する始末だった。

かなり悪質な事件だが、これだけだと、単に悪質な支配人がいたという「個人の問題」で終わってしまうかもしれない。しかし、本質的な問題は、法人がこの全てを黙認していたということにある。

Hさんは最後の望みをかけて、支配人を飛び越して、法人の代表宛てに嘆願書を書き、不正やいじめの数々を「直訴」した。ほかの職員たちも続いた。だが、法人からは何の返事もなく、対策も一切行われなかった。

介護の質や職員の労働条件の改善、職場からいじめをなくすことよりも、せっかく黒字に転換したいまの状況を続けることの方が重要で、その功労者である支配人のストレス発散や、良心的職員への攻撃は容認すると判断したのだ。

Hさんはじんましんを発症してしまい、退職したいから話をしたいと支配人に言うと、「辞めるのに電話なんて失礼」「忙しいから今日は話せない」とドタキャンを繰り返し、なかなか辞めさせようとすらしなかった。Hさんは精神疾患を発症。不眠症に陥り、常に無気力を感じるようになってしまった。

主任は、「仕事がまだあるのに辞めるのは失礼だ」と、この期《ご》に及んでなおHさんを批判した。Hさんは、入居者たちから「辞めないで」と言われており、あまりの申し訳なさから、最後まで入居者たちに退職を言い出すことができなかった。

Hさんの退職日、支配人は「体に気をつけてね」と、それまで見せたこともない晴れ晴れとした笑顔を見せた。

ケース2　「妬み」の裏に24時間勤務、ワンオペ、介護事故……

30代女性のIさんが勤務していたのは、介護施設の大手フランチャイズの看板を掲げた、小さな株式会社だった。業態は、利用者が通所して介護を受けるデイサービスだ。Iさんは、准看護師と介護職員初任者研修（旧ヘルパー2級）の国家資格を持っており、リハビリと介護の業務を担当していた。契約上はパートタイムで時給制だったが、実際には週5日・一日8時間のフルタイムで、夜勤もありの仕事を真面目にこなしていた。

社長である施設長が施設に来ることはほとんどなく、役職のない4人の職員に現場のすべてが任されていた。その一人である女性の先輩職員から、Iさんは陰湿ないじめに遭っていた。この先輩は、Iさんの容姿や服装をいかがわしいとでも言いたげにあげつらい、「男を誘ってるんでしょ」などと執拗に侮辱してきた。Iさんは、先輩より若い自分に対する「女の妬み」だと感じていた。

嫌がらせは業務にも及んだ。勤務日のシフトを決める際、Iさんが休日の希望を出すと、「甘えてる」「独身なんだから会社を一番に考えて」などと吐き捨てるように言われ、拒否された。夜勤についても、もともとIさんは精神疾患を抱えており、面接時に社長にできないと伝えていた。ところが、これを断ろうとすると、「なんでやらないの」と無理やり入れられてしまった。昼ご飯の時間すら、「いま、そんな場合じゃないでしょ」「なに休憩してるんだよ」と休ませてもらえなかった。

Iさんの父が事故で亡くなったときでさえ、「仕事か親か、どっちかをとれ」と出勤を迫られるほどだった。

こうした先輩によるIさんへのいじめの背景には、「女だから」「妬み」などでは説明できない、職場の崩壊があった。

休日も取れず、先輩と仕事の押し付け合い

この施設の利用者の定員は10名。一日2～3人の職員がシフト制で出勤して、高齢者を介護していた。夜の「お泊まりデイサービス」も連日5～6人が利用していた。ただし「お泊まりデイ」は、たった一人の職員による「ワンオペ」で行われていた。

社長は繁華街でバーを経営しており、本業の片手間にひと儲けしようとして、数年前に介護業界に参入したばかり。未経験なので、施設の仕事は現場の職員に丸投げし、介護に関心がないのは明白だった。できるだけ多くの利用者をかき集め、そこに最小限の職員をあてがい、手軽に利益を上げるビジネスとしか考えていなかったのだろう。そのため職員は少なく、労働環境は過酷だった。

定時は9時から18時までだったが、タイムカードを切ってから1時間～1時間半程度、残業するのが常態化していた。朝9時から翌朝9時まで日勤と夜勤を通しで行う24時間勤務のシフトも、月2回ほど回ってきた。Iさんは社長に、夜勤や24時間勤務はできないと面接時に約束してもらったはずだと確認すると、「そんなこと言ったっけ」ととぼけられてしまった。

24時間勤務のときですら、休憩らしい休憩を取る余裕はなく、食事も立ちながら食べた。

急に、シフト変更や休日出勤をさせられることもあった。また、IさんとIさんへの嫌がらせをやめない先輩職員だけが看護の資格を持っていて、利用者にインシュリン注射を打てるため、この業務を2人で押し付け合うかたちになっていた。先輩が休んだため、Iさんは1週間以上休めないときもあった。急な出勤命令があり、自宅のアパートまで同僚が車で迎えに来て、施設まで強制的に連れていかれたこともあった。

給料の遅配や、給与明細と振り込み額が違うことまであった。

もとから精神科に通っていたIさんは、当然、症状が悪化。しかし、先輩職員からは「リフレッシュ方法が悪いんじゃないの」と突き放され、自己責任として扱われた。

夜は職員一人　続出する転倒、骨折、失神……

さらにストレスとなったのが、人手不足のため手が回らず、頻発する介護事故だった。転倒は日常茶飯事で、玄関の縁石でつまずいたり、風呂で転んだり、柵を付け忘れたベッドから転げ落ちたりといった事故が、2〜3日に一回は起きていた。

特に一人で5〜6人を見る「お泊まりデイサービス」は危険だった。歩行が困難な80代の女性が、トイレに行こうとナースコールを押すも、職員が来なかったため、歩行器を使って自力で行こうとして転倒し、大腿骨にひびが入る事故があった。ワンオペ中の同僚が、他の利用者の介助でトイレにおり、気付かなかったのだ。その後も、同じ利用者が同じ状況で再度転倒し、今度は大腿骨を骨折した。しかし、怪我をしても、夜勤中はワンオペで付き添いができないため、救急車を呼ばないしきたりになっていた。

以前に一度事故を起こした同僚が、24時間勤務後に急にシフトが追加されてワンオペ夜勤となった結果、途中で寝てしまい、ナースコールに気付かず、やはりトイレに行こうとした高齢者が転倒したケースもあった。同僚は疲労困憊していたが、先輩からは「2回もやりやがって」と怒りをぶつけられていた。

脳梗塞や心筋梗塞を患い、脈拍や呼吸が安定していない利用者を入浴させていたとき、利用者の血圧が低下して意識を失い、その間に尿失禁・便失禁させてしまったこともあった。

通常の介護じたいも手が回らないため、利用者には一日中ずっとテレビを見させているだけ。「トイレはちょっと待って！」と利用者に怒鳴ってしまうこともあった。徘徊がひどい人が多く、認知症の人が勝手に外に出てしまったこともある。

人手不足による長時間労働、多すぎる業務、過酷なシフト、介護事故の危険。先輩のいじめの背景には、こうした事情があったのだ。Iさんは、社長に先輩の発言や職場の実態を話したが、当然のように何の対応もされなかった。

Iさんは退職し、なんとか会社に責任を取らせたいと介護・保育ユニオンに相談した。当時、憔悴していたIさんは、「誰も信じられなくなった」と繰り返しつぶやいていた。

その後、ユニオンに加入したIさんは会社と団体交渉を行い、社長に一連のことを謝罪させ、最終的に解決金が支払われた。ただし、そのときには、先輩もすでに退職していた。

ケース3 「節約」に疑問を呈したら、先輩から叱責・怒声・詰問

40代のJさんは、老人ホームで介護士として働いていた。フルタイム・無期雇用だが、時給制だ。運営する会社は、全国に数十施設を展開しており、いまもさらに次々と新しい施設をオープンさせて急成長している。

Jさんは、施設のフロアリーダーを務める先輩介護士からいじめに遭っていた。この介護士は、Jさんを他の職員や入居者の前で大声で叱責し、顔を合わせるたびに怒声を浴びせてきた。密室で1時間ほど、辞めるように詰め寄られたこともある。

なぜ、Jさんはここまで集中攻撃に遭ったのか。フロアリーダーである先輩が繰り返し言ったのは、「方針に従わないからクビにする」という言葉だった。先輩は管理職ではなく、同僚を解雇する権限などないのだが、その方針とは一体どのような内容だったのか。

この老人ホームは、寝たきりの要介護5の高齢者が多く利用していた。しかし、

「リハビリです」と言い聞かせて、足元がおぼつかない入居者を無理やり立たせて歩かせるよう、職員たちは指示されていた。Jさんはこの方針に従わなかったのだ。トイレまでの歩行を促すためとして、オムツの使用も禁止されていた。

高齢者を自立させるためというと聞こえはいいが、施設の狙いは経費の節約だった。車いすを揃えたり、オムツを買ったりしないことで、費用を削減していたのだ。「節約」ぶりは夏の冷房の使用制限にも及び、室温が「厳重警戒」とされる28度に達したある日、Jさんは施設内で熱中症になり倒れてしまった。当然、入居者たちも暑いと苦情を漏らしていた。

実は、この老人ホームは、地域では介護が杜撰なことで有名で、数年前には、点滴で栄養を摂っていた入居者に固形物を食べさせ、死亡させる事件まで起こしていた。Jさんは施設周辺の住宅に、訪問介護の営業のためチラシを配りに行かされたことがあるが、評判の悪さに驚いたという。

こうした「節約」は労働条件にも及んでおり、一日9時間の拘束時間のうち、入居者と一緒に昼食を摂る時間が休憩時間と見なされていた。当然のように、残業代は支払われなかった。

劣悪な介護環境と労働条件、フロアリーダーのいじめに耐えかね、Jさんは意を決して、支配人に相談することにした。しかし、支配人は「リーダーの言うことを聞くように」とJさんに指示し、理不尽にも「リーダーに謝りなさい」とまで言われてしまった。もちろん、施設の改善など望むべくもなかった。

Jさんは追い詰められ、精神的な負担から胃腸炎を発症。介護福祉士の資格を取るのに必要な実務経験を積むため頑張っていたが、限界に達して退職を選ばざるを得なかった。

ケース4　入居者を虐待するか、いじめられるかの2択

Kさんが勤務する老人ホームでは、複数の職員による誹謗中傷や「指導」と称したいじめが繰り返されていた。

その背景として、介護士のうちほぼ半数にあたる10名が、日常的に入居者を虐待していたことが挙げられる。徘徊する入居者には部屋の外から鍵をかけ、認知症や難聴の入居者に対しては耳元で怒声を浴びせる。オムツをきつくあてる影響で、嘔吐する入居者も続発していた。ベッドの上で腕をつかみ、力ずくで体の向きを変えられ、骨折した寝たきりの入居者も複数いた。

こうした介護に同調できない職員は、施設内で嫌がらせを受けるだけでなく、逆に虐待をしているという「クレーム」を法人に「告発」され、解雇に追い込まれそうになったこともあった。

多忙の中、一部の職員たちの倫理観が失われたことで、入居者は杜撰に「管理」され、ストレスの「はけ口」となっていた。そして、こうした虐待の横行を法人は放置し、特段の対応はなされなかった。

Ｋさんは虐待の事実を自治体に通報。入居者全員から聞き取りが行われ、改善命令が出された。匿名の内部告発のため、Ｋさんが通報者だとは知られていない。しかし、命令後も、部屋の鍵を外からかける対応は続いているという。

ケース５　手袋を使わない介護に、苦情を言ったらいじめの標的に

介護福祉士の資格を持つＬさんは派遣会社に登録し、１００名以上が入居する介護施設で働くことになった。働く前のオリエンテーションでは、「感染症予防はきっちりしています」「看護師も常駐しています」と言われていた。

ところが、実際には看護師は常駐しておらず、排泄介助や清掃の際にも手袋をはめず、消毒液による手指消毒も行わない、不衛生な介護が常態化していた。このままでは、職員にも利用者にも、感染症が拡大する可能性が高い。あまりの不衛生さに、Lさんは派遣会社の相談窓口に、「話が違う」と苦情を伝えた。

すると、Lさんは現場リーダーの介護士から面談の呼び出しを受けた。改善されるのかと思いきや、「お前、外に漏らしただろ」「気に入らなければ辞めてもらっていい」と逆に叱られてしまった。

その後、Lさんを標的としたリーダーの介護士によるいじめが始まった。特に、わからないことを質問すると、「そんなことも知らねえのか」と当てつけのように叱責されるようになった。

派遣会社に相談しても、「合わないなら仕方ない」「1ヵ月くらい、いてみたら」とつれない対応に終始するだけだった。

Lさんはうつ病を発症。病院でストレス軽減の薬を処方されており、病状が悪化しないうちに退職するつもりだ。

ケース6　「新人は犬だから、しつけが肝心」

シングルマザーのMさんは、介護福祉士の資格を取得し、株式会社の経営するサービス付き高齢者住宅で正社員として働き始めた。この施設で経験を積み、将来的にはケアマネージャーの資格を取ることを目指していた。

ところが、先輩の介護士から、シングルマザーであることを理由に「男に色目を使っている」と誹謗され、男性の職員と話していると「またデートの誘い？」と繰り返し嫌がらせを受けた。

さらにこの先輩介護士は、「新人は犬だから、しつけが肝心」「犬よりたちが悪い」と言い放ち、指示通りに動いても理不尽に叱責した。

朝9時が始業時間だったが、8時半に来るよう指示され、「子どもがいるから9時にさせてほしい」と相談すると、「子どもがいるから何なんだ」と叱られた。残業も頻繁にあり、終業時間が20時になることもよくあったが、残業代は払われなかった。他の職員も、連続40時間勤務をすることがあったという。

実は、この職場では、先輩の介護士によるいじめは珍しいことではなく、新人に対して恒常的に行われ、これまでにも何人も辞めていることをMさんは知らされた。この「しつけ」に耐えきれない職員は、未払い残業にも耐えられないとして淘汰されるというわけだ。Mさんはストレスで不眠症と摂食障害に悩むようになり、休職することになってしまった。

背景にある、介護サービスの市場化

介護職場の労働環境の悪化は、2000年の介護保険制度のスタート時から懸念されていた。行政がサービス提供の責任を直接負うのではなく、利用者と事業者の直接契約が原則となり、保育園よりもいっそう露骨に市場原理が導入された。事業者は、利用者をかき集め、サービスを使わせるほど、行政から介護報酬を支給され、それが主な利益になる。保育園以上に利益目的だけで参入しやすく、株式会社の割合も激増した。

その結果、人件費や備品・設備の徹底的な削減に加え、短時間で数をこなす「効率」重視の不適切なケアを行わせたり、不必要なサービスを詰め込んだりと、介護の質や労働条件を劣化させる事業者が後を絶たない。

追い討ちをかけるように国は、もともと高くなかった介護報酬を、3年に一度の改定の際に、何度も大幅に引き下げた。このため職員の賃金は一向に上がらず、人手不足が加速し、労働条件の悪化、虐待や不正の横行がますます進んでいるのが現実だ。

4　保育・介護職場における、いじめの三つの「効果」

「矯正」「排除」「反面教師化」

本章で紹介した保育・介護職場のいじめのほとんどは、人手不足が引き起こす長時間労働や、休憩すら取れない過重労働が温床となっていた。第二章で見た、職場いじめの放置が「合理的」な理由も踏まえながら、本章のいじめの「効果」を考えてみたい。

まず、不満やストレスを発散させる「ガス抜き」の手段として、いじめが横行している点は、多くの事例に共通していた。第二章のように過労死ラインを超えるほどの長時間労働が多いわけではないが、過酷な労働環境は通底していた。

そのうえで、いじめを受ける側にも、いくつかの「事情」があるケースが多く確認された。まず、利用者への虐待をはじめとした、不適切な保育や介護について、上司に相談したり、疑問を呈したりしたことだ。それらの行為に同調しなかっただけで目をつけられたケースもあった。また、過酷な労働や未払い残業に対して、自分の体調や家族の都合を優先しようとしたことも、引き金となっていた。

なぜ、正当であるはずのこうした行為が敵視され、いじめの原因となるのだろうか。そこには、いじめによる三つの「効果」を指摘できる。

まず、第一に、職員の「矯正」である。資格を取得したばかりで、丁寧なケアをしようと意気込む「青臭い」新入社員が典型的な「標的」だ。あるいは、これまで良い職場環境に恵まれて良質なケア労働に従事してきたため、従来どおりの丁寧なサービスにこだわろうとするベテラン労働者なども同様だ。利益追求を優先する施設にとっては、教科書で奨励されるような、理想的な保育や介護を実践しようとする職員は、現場を引っ掻き回す「厄介者」になる。残業やシフトに個人的な都合を主張してくる労働者も「同罪」だ。彼らに「現実的な」やり方を思い知らせ、とにかく上司や先輩、そして「コストカット」の論理に服従し、文句を言わない職員に育てることに、いじめが利用される。

第二に、職員の「排除」である。無視や侮辱などで精神的苦痛を与えたり、問題をでっち上げて「容疑」を被せたりすることで、なかなか言うことを聞かず、「矯正」されない「不適格」な職員を追い出し、「選別」するというわけだ。

第三は、「反面教師化」だ。従順でない職員に対するいじめは、他の職員への「見せしめ」の「効果」がある。場合によっては、そのいじめに他の同僚たちを参加させることもある。これらを通じて、被害者以外の職員たちに、保育や介護を丁寧にしたり、自分の都合を主張したりしてはいけないと、繰り返し自覚させるのだ。意図したものではないにせよ、いじめを主導する加害者自身も、こうしたアイデンティティを強めることになる。

さて、ここまで見てきたように、保育・介護職場のいじめの多くは、職員の間のコミュニケーションの問題が本質ではない。福祉がビジネスの手段に成り下がってしまったことと、利潤を第一に考える経営者の方針に「適合」するように、職員の思考や働き方、人間関係が変容させられた結果として、いじめが蔓延しているのだ。

第四章　発達障害者へのいじめ

1　急増する発達障害のいじめ相談

5年で5倍に増加

本章では、職場いじめの中でも「発達障害」、特にＡＤＨＤ（注意欠如・多動性障害）に関するものを取り上げたい。ピンとこない方も多いだろう。なぜこれに注目するかというと、発達障害者へのいじめが、最近の日本の職場いじめの傾向を、端的に表していると思われるからだ。

また、ここ数年の労働相談で、「発達障害だと上司に疑われている」「発達障害だと診断されて、社内の扱いが悪化した」という声が頻繁に聞かれるようになったのを、筆者自身実感しているからでもある。

厚生労働省の数字でも、発達障害に関わる労働相談の増加が明らかだ。厚労省は「障害者虐待の防止、障害者の養護者に対する支援等に関する法律」（障害者虐待防止法）の施行に伴い、２０１３年度から「使用者による障害者虐待の状況等」を毎年調

図4-1　発達障害者への虐待に関わる通報・届出人数の推移

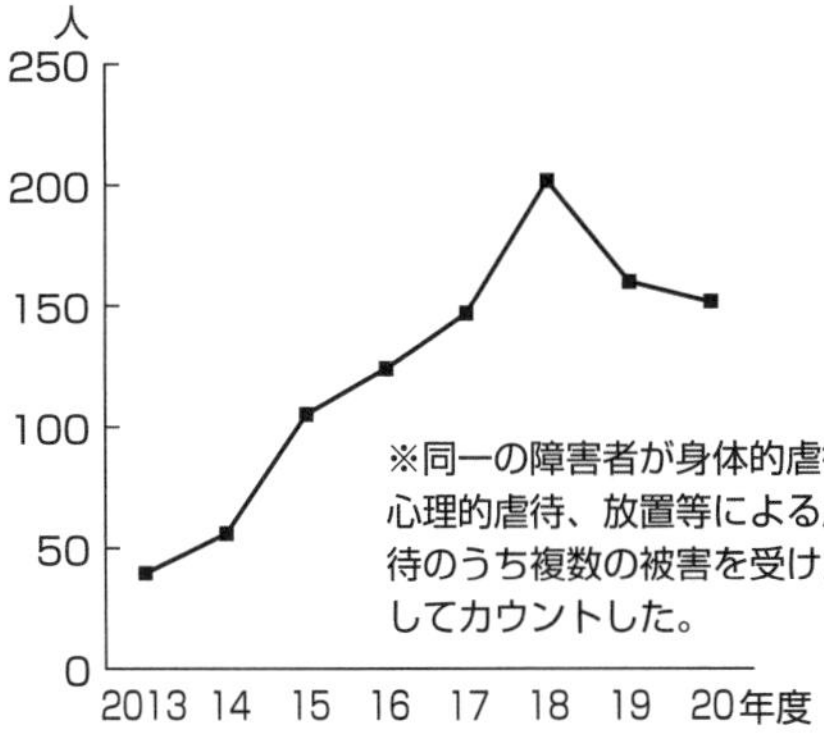
※同一の障害者が身体的虐待、性的虐待、心理的虐待、放置等による虐待、経済的虐待のうち複数の被害を受けた場合は、重複してカウントした。

厚生労働省「使用者による障害者虐待の状況等」をもとに作成

査・公表している。これは全国の労働局に寄せられた労働相談・報告などのうち、「身体障害」「知的障害」「精神障害」「発達障害」の障害種別ごとの「虐待」（「身体的虐待」「性的虐待」「心理的虐待」「放置等による虐待」「経済的虐待」に分類される）件数を、集計したものだ。

　ここでの「虐待」は、職場いじめと重なる部分が大きい。「身体的虐待」については、「障害者の身体に外傷が生じ、若しくは生じるおそれのある暴行を加え、又は正当な理由なく障害者の身体を拘束すること」とされ、具体例として「平手打ちにする、殴る、蹴る、叩きつける、つねる、無理やり食べ物や飲み物を口に入れる、やけどさせる、縛り付ける、閉じ込める」などが例として挙げられている。

また、「心理的虐待」については、「障害者に対する著しい暴言、著しく拒絶的な対応その他の障害者に著しい心理的外傷を与える言動を行うこと」であり、具体例として「怒鳴る、ののしる、悪口を言う、仲間に入れない、子ども扱いする、無視をする」などが挙げられている（それぞれ東京都福祉保健局のホームページから引用）。

厚労省が発達障害者への身体的虐待および心理的虐待と認定した、典型的な事例を引用しよう。


「職場の上司を含む同僚から、『ボケ！』、『お前がいなくなれば楽になる』と暴言を吐かれる。頭を拳やヘラで叩かれる。挨拶の仕方が悪いといって就業時間後に長時間残され叱責された」（契約社員、製造業）（平成27年度「使用者による障害者虐待の状況等」より）

そして、こうした虐待の相談件数は増加傾向にある（図4-1）。調査が開始された2013年度と2018年度を比較すると、虐待の「通報・届出」がなされた「発達障害者」の人数（虐待種別に複数あてはまるものは重複して計算）は、40人から202人へと5年で5倍に急増している（ただし、翌年度以降は150人ほどに落ち着いている）。同時期の障害者全体の相談（障害種別が複数あてはまるものは重複して計算）が1222人から2329人と2倍程度の増加であることを考えても、発達障害者への虐待に関わる通報・届出人数の増え方は突出している。

ADHDの労働問題は、上司の配慮次第？

その発達障害に関する労働相談の中でも、実感として、「ADHD」に関連するものが顕著に増えている。ADHDは、発達障害の中心的なものの一つで、成人の主な特性としては、「多動と衝動性」と「不注意」が挙げられる（以下の記述は、岩波明『発達障害』〔文春新書〕、『大人のADHD』〔ちくま新書〕を参照）。

多動と衝動性は、過度に話してしまう、落ち着きがない、思ったことをすぐに言ってしまうなどが主な内容だ。不注意については、会議や事務処理で注意を持続するのが困難、仕事を先延ばしにする、仕事が遅い、混乱しやすい、時間管理や片付けが苦手、物をなくしたり置き忘れたりする、約束を守れない、などである。

不注意と言っても、ＡＤＨＤの人は「注意力」そのものが「欠如」しているのではなく、他の人より目の前のことに「過剰」に集中してしまい、注意力の配分が苦手なのだという。周囲全体にそれとなく注意を向けることや、いくつかの事柄に注意を分散することが得意でないのだ。一方で、興味が向かった対象には、強い集中力を発揮し、仕事での成果につながることもある。

こうした傾向は、得てして職場で軋轢を生んでしまいがちだ。同じ間違いを繰り返して上司や同僚から頻繁に叱責される。本人が真面目に取り組んでいるつもりでも、手を抜いているとか、馬鹿にしていると思われてしまう。不注意のために上司の話をきちんと聞くことができず、衝動性が強いため、相手が話している途中で話を被せてしまう……。

こうしたＡＤＨＤの人に対して、職場の周囲の人は何ができるだろうか。ＡＤＨＤの当事者に向けた本を読むと、対処法が提示されている。ケアレスミスが起きないように、確認する仕組みを作る。複数の作業で混乱したり、すべきことを忘れたりしないように、追加の作業を引き受けさせないで他の人に配分する。上司によるこのような環境整備が重要であるという。そしてそれは、ＡＤＨＤの人に限らず、どの人にとっても、働きやすい環境を作ることを意味する。
しかし、そうした労働環境を作れない職場だからこそ、いじめが起きているのではないだろうか。

ADHDを理由とした「解雇」

ＡＤＨＤに関する職場いじめを紹介する前に、いじめ以外の労働相談のパターンを見ておこう。

まず、「能力不足」を理由として解雇されるケースが見られる。法的には「普通解雇」と分類される。あまりに労働者が仕事ができない場合に、法的に解雇が認められる場合があるのだが、とはいえ、そう簡単に認められるわけではない。しかし、「お前はあまりに仕事ができない」と言われて、それを自分の責任だと受け取り、あきらめて解雇を受け入れてしまう労働者は後を絶たない。ましてや、実際に発達障害と診断されている人であれば、なおさらである。

発達障害の労働者が「懲戒解雇」されたという相談もある。これは、就業規則に「職務に専念すること」と定めてあることなどを根拠として、勤務態度が悪いことを理由に解雇されたというものだ。これも、そう簡単に認められるものではない。

より巧妙化すると、発達障害であることがわかった途端に、解雇では企業に法的な「リスク」があることを考慮して、その労働者を障害者雇用の枠に異動させる場合がある。この異動が労働条件の引き下げに直結するため、会社を自発的に辞めさせようとする意図で行われるケースもある。上司が労働者を心療内科に無理やり連れて行って、医者に「診断書を出してください」「障害者手帳は出ませんか」と本人を差し置いて食い下がってきたという相談まであるほどだ。

これらの事例は、労働相談の分類としては「いじめ・嫌がらせ」に入らないが、広義のいじめと捉えることも可能だろう。次に、ＡＤＨＤの人を対象とした、より直接的な職場いじめの実態を見ていこう。

2　ＡＤＨＤの人に対する職場いじめの事例

ケース1　ＡＤＨＤを笑いものにする職場

30代のAさんは、サービス業の専門職として働いている。これまでは非正規で、契約期間満了による転職を繰り返してきたが、現在の職場で1年間の非正規の期間を経て、ついに念願の正社員になった。

Aさんは学生時代から、他人より物忘れが激しかったり、集中力が散漫だったりすることを、うすうす自覚していた。前の職場でも、ミスが多かったり、作業が人より遅かったり、業務中に集中力が続かず、強い眠気に襲われてしまったりということがあった。

今の職場に移ってからは、上司や同僚から「これ言ったでしょ」「前にも言われたでしょ」などと、厳しくミスを指摘されるようになった。実際に1週間前の指示を忘れていることもあり、Aさんはそのたびに自責の念に駆られるようになった。

突発的な出来事に対応できないという傾向もあった。また、職場の大きなイベントの準備や発表の当日に、計画通りに仕事を進められないこともあった。そのたびに周りに助けてもらったが、実際に周囲の人に「迷惑をかける」こともしばしばあったという。注意されている最中に、「話を聞いていない」とさらに注意されることもあった。

医者と上司に相談をしたが……

理由がはっきりすれば、楽になれるのではないか。思い切って心療内科に相談した。その結果、発達に「凹凸」があり、軽度のADHDであると診断された。定期的に薬を処方され、服用することになった。ただ、Aさんには、自分の失敗を発達障害のせいにすることで、自分は「逃げ」に走っているのではないかという思いも浮かんでいた。

Aさんは早速、診断結果を上司に報告した。すると上司は、Aさんが業務上でうっかり「抜けてしまう」ところは、周りでカバーしていくことを約束してくれた。一方でAさんに対しても、メモを取るなり、コミュニケーションを取るなりして頑張るようにと伝えた。

さらにAさんは、一緒に職場にいた期間が長く、信頼関係のある同僚たち数名には、診断のことを直接伝えた。職業柄、同僚たちも発達障害には理解があったようで、配慮することを明言してくれた。Aさんは、改めて仕事に前向きになれそうな気持ちがした。

しかし、その後、周りの人たちの態度に、特に変化はなかった。むしろ逆に、Aさんが何か忘れたりすると、「これ言ったぞ」「もう勘弁してくれよ」などとなじられることが増えた気がした。Aさんからすると、そもそも本当に伝えられたかすら疑わしい指示もあったが、「言ったぞ」と上司や同僚から強く叱責されると、受け入れるしかなくなってしまった。

退職の示唆と深まる罪悪感

さらに正社員になってからは、上司から「正社員になったからといって、永久に雇ってもらえると油断してるんじゃないか」「このまま置いておくほど、うちは優しくないから」と、退職勧奨をちらつかされた。Aさんは自分にも「心の緩み」があったのではないかと素直に受け止め、反省したという。

また、自分が今後担当したい業務の内容を同僚と話していたところ、それが上司に筒抜けになっており、面談で「お前、周りにどれだけ迷惑をかけているかわかっているだろう」と、身分不相応として叱られたこともあった。「ほかの人と同じ給料をもらってるのに迷惑をかけている、という自覚をもちなさい」と念を押されたこともあった。

Ａさんは、「自分が悪い」という思いをどんどん強めていった。自分が周りに「迷惑をかけている」ことについて落ち込むようになり、うつ病を発症するようになった。

「発達障害にこんなこと言っても無駄か」

同僚は、上司を止めてくれなかった。むしろ発言を受け入れるよう促した。発達障害やうつ病について、「言い訳してもしょうがないじゃん」「限界まで抱えた方が強くなれるんじゃないか」と、無責任に言い捨てられることもあった。言うまでもないが、ＡＤＨＤは、精神論で改善できるようなものではない。同僚はそのことを知識としては知っているはずなのに、Ａさんを冷たく突きはなした。

同僚たちの態度は、ほとんどがＡさんを責めるものであり、笑いものにすることもあった。上司や同僚から注意をされているときにＡさんが素直に話を聞いているように見えないとして、「ナチュラルに人を煽っているよね」「そういうのに関しては天才だよね」と揶揄《やゆ》されたこともあった。

さらにＡさんは、同僚が「これミスしたら、●●（Ａさんの名前）レベルですよ」とＡさんを引き合いに出して後輩を「教育」している場面も目撃した。同僚からミスを指摘され言葉に詰まっていると、「発達障害にこんなこと言っても無駄か」と吐き捨てるように言われたこともあった。

Ａさんをより傷つけたのは、指摘を受けてすでに克服したはずの過去の失敗を、後輩たちの前で「笑える話」として蒸し返され、馬鹿にされることだった。

Ａさんは、メインの業務については集中して行えており、ふだん他の事業所にいる別の上司からは、同僚たちの前でその仕事ぶりを褒められることもあった。同じ職場でも、ごく一部の同僚はＡさんのことを心配してくれていた。しかし、直属の上司や他のほとんどの同僚たちの態度は、Ａさんを人間として扱っているとは言い難いものであった。

前の職場では、責められることはなかった

Ａさんは罪悪感に押しつぶされそうになりながら、一方で、上司や同僚のきつい当たりに自分はここまで我慢しなくてはならないのか、という思いもかすかに浮かんで

いた。というのも、Aさんは前職まで、非正規とはいえ同じ業界を転々としてきたが、上司や同僚からこれほど「問題」にされたことはなかったからだ。周囲が手厚くフォローしてくれ、責められるようなことはなかった。それが現在の職場では、非正規だった1年目から、自分の特性が何度も槍玉に挙げられる。いったいなぜなのか。

思い当たることとして、いまの職場は業務量が多く、それに対して人員が少なすぎるという問題があった。確かにAさんの専門職としての仕事じたい、業務内容が多岐にわたることは避けられないものだ。とはいえ、現在の職場では、「そこまで求めるか？」という疑問を抱くことが何度もあったという。同業の通常の職場であれば、2〜3人で担当する業務を、一人で担当させられていた。また、専門職としての仕事とは別に、本来は事務職員が行うべき接客業務を、「Aさんも覚えてください」と頻繁にやらされていた。

労働時間も長かった。毎朝9時に仕事が始まり、定時は18時だが、早くとも20時、遅いときは22時頃まで残業していた。Aさんの仕事が早くないこともあるが、同様に職場に残っている同僚も多かった。大きなイベントの前は終電がなくなるまで働き、残っていた何人かで、ソファーで仮眠をとったこともあった。上司でも頻繁に職場に泊まっている人がいた。しかし、それらの仕事に対して残業代が払われることはなかった。

上司によるハラスメントも蔓延していた。発達障害とは関係ない先輩が、上司に予算やイベントの提案を何度も突き返され、長時間労働で疲弊していたところに、それがダメ押しとなって、精神疾患による休職に追い込まれた。

あるときAさんが、世間話の途中でこの先輩のことを「心配ですね」と口にしたことがあった。驚いたことに、同僚は「あの人は自分の基準で物事を見ていて、そのくせメンタルが弱い」と冷たく批判した。この先輩は、休職期間が満了となり、そのまま自然退職となった。ハラスメントが横行し、職場全体がそれを肯定する風土になっていたのだ。

正当化されたストレスの「はけ口」

このように、ただでさえ過酷な職場環境の中で、「発達障害」は配慮する対象ではなく、ストレスの「はけ口」にする格好の「口実」となっていた。職場に「迷惑をかけている」ことを理由として、Aさんはあたかも人権侵害を加えても良い存在として、職場内でいわば「公認」されていたのだ。そして、上司や同僚たちが植え付けた罪悪感は、Aさんを精神的に追い詰め、職場から「排除」する圧力としても作用していた。

しかし、Aさんの以前までの職場がそうであったように、職場の人員や業務に余裕があれば、Aさんの特性じたい「問題」にならなかったはずだ。歪んだ労働環境が同僚たちの思考を、Aさんへのサポートではなく、いじめへと突き動かしてしまったのではないか。

その後、仕事を任せられないと判断されたのか、Aさんの業務には非正規の人がつけられ、Aさんの担当は当たり障りのない仕事だけになった。しかし、Aさんが「優遇」されたと思われたのか、逆に恨みを買ってしまい、Aさんを疎《うと》む職場の雰囲気に変化の兆しはないという。

Aさんの自尊心は悲鳴をあげている。それでも、Aさんは、ようやく正社員になれたこの職場を辞めるわけにはいかないと考えている。いま、Aさんは、来年度入社してくる後輩たちの前で、また自分がさらしものにされるのではないかという恐怖に脅えている。

ケース2　ＡＤＨＤを打ち明けると、優しかった先輩が豹変

事務職員として正社員で入社したばかりのＢさんは、もともと不眠などの症状があり、心療内科に通院していた。今回の就職にあたって、発達障害の検査を受けたところ、ＡＤＨＤの傾向があると診断され、薬を服用しながら勤務することになった。ＡＤＨＤについては、特に職場には報告しなかった。

教育係になった先輩は、ミスの多いＢさんに対して「困ったことがあったら何でも相談して」と声をかけ、とても親身になって接してくれていた。入社からしばらくして、ＢさんはＡＤＨＤの薬の副作用で体調を崩してしまい、休暇を取った。先輩はＢさんの体調を心配し、面談を設定してくれた。そこでＢさんは、自身がＡＤＨＤであり、薬の副作用で休んだことを正直に告げた。また、仕事に楽しさを感じる一方で、新しい仕事を覚えることに不安を感じていると打ち明けた。先輩が優しく反応してくれたため、Ｂさんは安心した。

しかし、この面談の内容は、Ｂさんの許可を得ないまま、部長に報告されていた。その後まもなくして、部長とチームリーダー、教育係の先輩、Ｂさんの４人による

面談がセッティングされた。その内容は、ＡＤＨＤについて配慮しようとするものではなかった。部長はＢさんに、「君の仕事の遅さにみんな迷惑している」「過去に入社してきた人たちは、もっと早い段階で業務をこなしていたけど？」「何歳だと思ってるんだ。遊びに来てるのか」「これ以上仕事ができないなら、君の居場所はない」と強い口調で叱責した。

それ以降、Ｂさんを取り巻く環境は激変した。チームリーダーに業務上の質問をすると、答えてはくれるものの、自分の席に戻ったあと、隣の同僚に「こんなこと聞かれてさ～」「こうに決まってるよね～」などと席が離れているＢさんにも聞こえるような大声で話しかける。あからさまな嫌がらせだ。

そして、優しかったはずの教育係の先輩の態度まで豹変した。Ｂさんが書類の確認を依頼すると、「いま忙しいから」と露骨に拒否された。一方で、他の社員の質問には、これまでと同様に丁寧に対応していた。それどころか、この先輩はＢさんが業務にかかる時間を秒単位で計りだし、遅くなった理由を問い詰め、Ｂさんが答えに窮すると、「答えられないならもういい」と話を打ち切る仕打ちにまで及んだ。

Ｂさんは適応障害を発症して休職し、休職期間満了で自然退職した。

この先輩は、もともと優しかったのに、上司にハラスメントを指示されて態度を変えたのだろうか。その可能性もあるが、この先輩はあくまで、Bさんが周りの社員と同じように働いてくれることを前提に、同僚として優しく接していたにすぎなかったのかもしれない。ゆくゆくは仕事を大量に任せられることを期待していたから丁寧だっただけで、発達障害であることを知ったことで、自分の同僚として、さらには人格を尊重すべき人間として見ることすら放棄してしまったとも考えられる。

ケース3 「戦力外」「投資できない」

Cさんは専門職として、大企業に中途採用で入社した。上司からは、周りの空気や表情を読んで仕事をするようにと指示された。しかし、それはCさんが苦手とする働き方だった。なかなかうまくいかず、上司からの注意や叱責が続き、適応障害を発症して休職した。病院に行くと、発達障害との診断を受け、会社にも報告して、配慮してくれるよう伝えた。

復職後、待ち受けていたのは上司からの心ない発言だった。「あなたは戦力外です」「成長しない人には投資できない」「障害者が職場にいることは負担」「意味のある仕事は頼みません」と矢継ぎ早に告げられた。

上司の発言に傷ついたCさんは、人事部長や役員と面談したが、発言内容について事実確認をしたり、部署を異動したり、上司を異動させたりすることは一切できないと拒絶された。

その後、数年間、Cさんは本人の希望に反して、単純作業を延々とさせられるようになった。朝の挨拶以外は同僚と話すこともなくなり、孤立してしまった。このまま働き続けるのは苦痛だが、家族を扶養しており、転職先が見つからない不安から、いまの仕事を続けている。

ケース4　20代の商社マンに浴びせられた「赤ん坊か」

Dさんは、商社で営業担当となった20代の正社員だ。ADHDと、もう一つの代表的な発達障害であるASD（自閉症スペクトラム障害）の両方の診断を受けている。人員不足のために、入社当日から特定の取引先の担当となり、プレッシャーを感じていたが、案の定ミスを繰り返してしまった。ミスのたび、上司からは叱責やからかいが繰り返された。「二十いくつなのに」「赤ん坊か」など、年齢を引き合いに出して揶揄され「踏みつけてやろうか」などの「冗談」を浴びせられた。

加えて「軽微」な暴力も日常的に受け、腕を軽く叩かれたり、笑いながら頰に手を当てて押し出す、スローな「平手打ち」も受けた。

耐えかねたDさんが会社を欠勤したところ、上司から謝罪の連絡があった。しかし、人格を否定されたダメージからは、そう簡単に立ち直れなかった。Dさんは仕事を達成できず、「投げ出してしまった」ことへの罪悪感に苛まれており、上司の言動がハラスメントにあたるのか、自分が甘えているのか、混乱したまま出社できないでいる。

ケース5　ミスのたび同僚から「罰ゲーム」

正社員のEさんは、10年以上、同じサービス業の会社に勤務していた。もともと多かったミスが、職場が人手不足になるなかで、増加していった。その様子を見ていた上司から、ADHDの可能性があると指摘され、病院に行くよう指示された。心療内科を受診すると、実際にADHDと診断された。

その後、Eさんに狙いを定めた会社と同僚からのハラスメントが深刻化した。Eさんが仕事でミスするごとに、会社や職場の同僚たちが金をせびるのだ。

ある日、過労のために仕事を休み、一日中寝てしまって病院にも行けないことがあった。同僚たちは迷惑をかけられたとして、「お詫び」という名目で1万円を要求し、実際にEさんは同僚たちに払わされた。同僚たちは「罰ゲーム」的な感覚だったようだが、Eさんからすると「恐喝」だった。仕事を期限までにできなかったことで、給与から手当分を戻すよう求められ、10万円を会社に支払ったこともある。

社内の備品がなくなったときに、その責任を押し付けられ、弁償させられたこともあった。それ以外にも、Eさんに対して自腹購入が頻繁に要求された。

Eさんには、一連の「罰ゲーム」は、自分を辞めさせるためのものとしか思えなかった。ついには、日付が空欄の退職届を上司に無理やり書かされてしまった。これは上司が保管しており、いつでもEさんを辞めさせる準備が整ったといえる。この宙吊り状態のなか、不安を抱えながら、Eさんはいまも働いている。

ケース6　殴られ、蹴られ、「私は嘘をつきません」と白板に書かされる

Fさんは、清掃・建物管理の中小企業で、正社員として長年働いてきた。あるとき配置転換で職種が変わり、応用の必要な業務が増え、以前から多かったミスがさらに増加した。それと同時に、同僚や上長からいじめを受けるようになった。叩かれたり、蹴られたり、「馬鹿」と呼ばれたり、大声で人格を否定されたりすることも日常茶飯事だった。

挙げ句には、ミスの多さを問い詰められ、「私は嘘をつきません」という内容の「誓約文」を、職場のみんなが見るホワイトボードに無理やり書かされた。

Fさんは、自分に原因があるのではないかと思い悩み、心療内科を受診した。すると、医師からADHDであることを告げられた。診断書を会社に提出し、これで配慮してもらえると思い安堵した。

ところが、いじめは収まるどころか、悪化した。Fさんが苦手とする深夜のシフトが指示され、しまいには上長と同僚から「お前はもう会社に来るな、帰れ」と告げられた。解雇なのかどうかもわからないまま、Fさんはそのまま出社できなくなり、休職状態になってしまった。Fさんはそのまま退職した。

ケース7　薬を服用するも、残業100時間で状態悪化

運送会社で倉庫内作業に従事している正社員の男性Gさん。残業時間は通常で月60時間、繁忙期は100時間を超え、過労死ラインを上回っている。GさんはADHDであると診断されていて、ケアレスミスを何度も繰り返してしまう。特に、仕事が忙しくなるとミスが増え、それに伴って同僚からのハラスメントも激しくなった。

自分だけ仕事を押し付けられたり、孤立させられたりするのは序の口で、殴る、蹴る、怒鳴られるなどが常態化していた。同僚に胸ぐらをつかまれていさかいになったときも、上司は大事《おおごと》にしたくないらしく、うやむやにされてしまった。

すでに上司の一部にはADHDであることを伝えているが、知らない従業員はもちろん、知っている上司ですら平気でいじめに加担してきた。思い切って現場のトップである所長に相談しても、取り合ってもらえなかった。

実はGさんはこれまでも職場でトラブルに巻き込まれることが多く、何度も解雇されてきた。その中で、今の仕事が一番長く続いていた。数年前に、なぜ職場でうまくいかないのかわからず、精神的につらくなり、心療内科を受診したところ、ADHDが発覚したという。

医師からは、発達障害は治らないので、自覚して、自分で居場所を作っていくしかないと助言され、2～3ヵ月に一回、通院して薬を服用している。しかし、過労死ラインを超える長時間労働では、状態を維持することもままならない。転職できない不安から、なんとか職場にとどまっている。

ケース8　残業代を請求したら「お前はADHD」

最後に、ADHDという概念が、その特性とは無関係に、会社に従順に従わない労働者に対するレッテルとして使われている例を紹介しよう。

アルバイトとしてコンビニに勤務しているHさん。残業代が全く支払われないことに違和感を覚え、店長に尋ねたところ、次のような罵声が返ってきた。

「お前はADHDかなにかの発達障害だから。新人より仕事ができないし、周りのサポートがなければ何もできないことを自覚しなさい。それで残業代を寄越せなんておかしいぞ」

その後、Hさんは他の社員から、店長の「お前は雇えない」という「解雇通告」を伝えられた。それでも、出勤しようと店に行ってみると、入っていたはずのシフトが修正液で消され、別の人のシフトに書き換えられていた。

これ以降、Hさんは、日常的に小さいミスをするたびに店長の発言がフラッシュバックするようになってしまった。自分は実際に発達障害なのではないかと不安になり、気分が落ち込んで苦しんでいるという。

3 発達障害者への職場いじめの「効果」

大人のＡＤＨＤは、社会の変化によって「問題」化された？

ＡＤＨＤに関する職場いじめの事例を見てきた。いずれも、上司や同僚の丁寧なフォローを期待できない、余裕がない職場ばかりだ。こうした職場環境の悪化が、ＡＤＨＤの労働相談が増えている原因と考えられる。

ＡＤＨＤの人は、研究によってばらつきがあるものの、成人の３～４％ほどの割合で存在するという。日本には、およそ３００万～４００万人いる計算になる。

では、近年、ＡＤＨＤが話題にのぼるようになったのは、その特性をもつ人たちが実際に増えたからだろうか？　ＡＤＨＤなどの発達障害は、生まれつきの要素が大きいとされている。もともと一定の割合で存在していたのが、最近になってクローズアップされるようになったのだ。

先に紹介した岩波氏の著書によれば、日本で職場の発達障害が注目されるようになったのは、１９９０年代後半からのことである。２０００年代になると、職場における発達障害についての記事が新聞や雑誌に多数掲載されるようになった。「長く続いた不況とグローバル化の進展によって、企業経営の厳しさが増し、従業員に対する要求が過大になってきた」「企業経営に余裕がなくなったために、従業員の多少の〝ずれ〟も重大な問題として認識されるようになった」と、岩波氏は分析する。

つまり、人員が削減され、労働者一人当たりの業務や責任が増えたことで、これまでことさら「問題」とされてこなかった労働者の「特性」が、「発達障害」として浮かび上がったと考えられるのだ。

本章のＡさんの事例でも、職場環境に余裕があった前職では、さほど問題にならなかった特性が、現在の職場に転職した途端に「問題」になり、ＡＤＨＤに気づいたというのは極めて象徴的だ。

日本では、ＡＤＨＤが目立ちやすい？

さらに、ある臨床研究では、日本のＡＤＨＤの人には、多動性や衝動性、不注意の全ての特性が多く見られたが、アメリカでは、不注意症状ばかりで、多動性や衝動性の特性は見られないことが多かったという。これは、日本では「多動性」や「衝動性」とされる振る舞いが、アメリカでは「当たり前」の行為なので問題視されにくいからではないか、と分析されている（中島美鈴『もしかして、私、大人のＡＤＨＤ？』〔光文社新書〕）。これは、自分の意見を主張することが忌避され、大人しく指示に従うことが望まれる日本社会では、ＡＤＨＤの特性が「問題」として顕在化しやすいということだろう。

日本でも、人員にゆとりがあり、業務量も適度な職場ばかりであれば、ＡＤＨＤの労働者も「少し変わった同僚」ぐらいで、特に問題とされることはなかったはずだ。しかし、「長い目でみよう」「ほかの人がフォローして、みんなで仕事をこなそう」「あなたの得意な仕事を頑張ればいいよ」などという余裕は日本中で失われ、ＡＤＨＤの人たちにとって働きづらい職場がますます増えている。

発達障害者へのいじめの「効果」

本章の事例の中で、発達障害の人たちは、短期的には企業の利益に「貢献」する可能性が低く、むしろ「コスト」になる存在とみなされ、「厄介者」扱いされていた。

第三章で筆者は、保育・介護の職場におけるいじめについて、「矯正」「排除」「反面教師化」という三つの「効果」があると指摘したが、発達障害者へのいじめには、「排除」を目的としたものが多い。解雇には経営者にとって法的な「リスク」があるため、いじめによって自分から退職するよう仕向け、排除するわけだ。

一方で、発達障害の人へのいじめには、「矯正」を目的としたものはあまりない。発達障害は、本質的に「治療」できるものではなく、「問題」が起きることを減らすには、周辺の環境の改善が必要とされるからだ（もちろん、発達障害について理解が足りておらず、本人の努力や治療によって「治せる」と思い込んでのいじめもある）。このため、発達障害と診断されると、いじめの目的は「矯正」を経ずに「排除」に直行することになる。

むしろ大きいのは、発達障害の労働者に対するいじめを「見せしめ」にすることで得られる「反面教師化」の「効果」だろう。同僚たちは、いじめの黙認や積極的参加を経て、「私はあの人とは違うから、しっかり仕事をこなさなければ」と、過酷な仕事にも粛々と邁進するようになる。同僚が「これミスしたら、●●（Aさんの名前）レベルですよ」と当事者を揶揄しながら、後輩を諭すケース1の発言はその典型だ。

本章では紹介していないが、「発達障害」という言葉を差別的に使って「矯正」を促すタイプのいじめもある。発達障害と診断されるかは不明だが、上司の求める水準では働けていない人が、「お前、発達障害なんじゃないの」「病院行け」と侮蔑されるケースだ（適切なサポートにつなげたいという意図によるものの可能性もあるが、こうした発言のほとんどは、残念ながら罵倒と理解するのが妥当だろう）。そう言われた労働者の多くは、「自分は発達障害じゃないから、もっとできるはずだ」と焦り、上司の要求水準を満たそうと、自分に鞭打つことになる。

「迷惑をかけられる」ことによる「敵意」

同僚たちがいじめに積極的に参加し、発達障害の人たちをここまで「厄介者」扱いするのは、職場で「迷惑をかけられている」という意識があるからだろう。

特にＡＤＨＤの人は、他の障害と比べて、最初から障害者であることを前提として雇用されるケースは少ないとみられる。他の労働者と同様の量やペースでの業務を任されている中で「問題」が発生し、初めて発達障害であることに気づいたり、打ち明けられたりすることが多い。

このため、同僚たちからすれば、自分たちと同じ程度に仕事をこなす「戦力」として採用されたはずだったのに、仕事を分担することも、「矯正」することもできない。むしろフォローが必要とされるため、業務が増える。「会社の利益に貢献しない」うえに、直接的に「自分に迷惑をかける」存在と見てしまう。

余裕のない職場にしているのは会社や経営者なのに、目の前にいる発達障害の同僚に怒りをぶつけてしまうのだ。ここでも、いじめが意図せず、職場統治のシステムとして機能していることが見てとれる。

新たな差別としての発達障害者いじめ

ここで紹介した事例の中には、発達障害者に配慮するどころか、もはや何をしても許される「劣った」人間であるとして、むしろ楽しんでいじめに加わる同僚たちもいた。社会的な属性を理由に、他者を人間として尊重しないいじめは、「差別」である。日本では、差別全体に対する社会的な規範が弱い。その中でも、発達障害者に対する差別は、より露骨に職場で口に出すことが「許され」、先鋭化しているように見える。これは、発達障害者への差別が、「コスト」の論理、経営の論理によって、「正当化」されているからではないだろうか。

歴史的にも、障害者は、近代化の中で、経営者の要求に対して、身体的・精神的に従順に働くことのできない存在として、差別の対象とされてきた。その中でも発達障害は、前述のように、近年の、仕事へのより高度な適応が求められる風潮の中で浮かび上がった、新しい「障害」のカテゴリとされている。この分析に従えば、発達障害という概念そのものが、本質的に職場の「コスト」の論理と不可分であるといえよう。

ここまで見てきたように、職場でまかりとおる発達障害者へのいじめは、差別というかたちをとって、発達障害の人たちを「排除」し、発達障害でない同僚たちには、強く規律化を促す「効果」をもつ。彼らは、自分は勤勉で、企業の利益に「貢献」できる「優秀な」労働者であるというアイデンティティを強固にし、より過酷な労働に

「適合」していくのだ。

第五章　労働組合いじめ

1 「対抗的」な労働者への戦略的ないじめ

会社にもっとも敵視される存在とは

ここまで、過酷さを増す職場環境に適応しない、あるいはできない人たちを対象として、いじめが行われる実態とその背景を見てきた。

一方、はっきりと会社に「対抗」し、自らの権利を主張する労働者は、さらに熾烈な攻撃の標的となる。日本の企業の中で、会社の命令に楯突けば、たちまち「厄介者」のレッテルを貼られてしまうが、なかでも、会社に「対抗的」な労働組合に仲間を誘うことは、もっとも警戒される対象になることを意味する。[*1]

すでに社員のほぼすべてが加入している、会社に妥協的な企業内労働組合の場合はともかく、職場で会社に対抗的な労働組合を新たに結成したり、社外の労働組合に加入して職場の同僚を勧誘したりすると、ほとんどの場合、会社はなんらかの方法で妨害を試みてくる。そして、それは、職場いじめのかたちを取るケースも多い。

本章では、会社がもっとも対象を敵視し、組織的・意図的に同僚を「活用」して職場いじめを行うパターンとして、労働組合いじめを見ていこう。

いじめの「偽装」

労働組合に加入することで、労働者は経営者と交渉する権利が法的に保障され、経営者は交渉に応じる義務が発生する。また、労働組合には、経営者に対して宣伝活動やストライキを行う権利も保障される。逆に、経営者が労働組合の活動を妨害することは、「不当労働行為」として禁止される。そのため、違法行為と認定されないように、経営者はあの手この手で巧妙に妨害を実行しようとする。

不当労働行為にはいくつか種類があるが、職場いじめという観点から、「不利益取扱い」と「支配介入」について説明する。

組合活動の妨害が、役員や管理職などの役職者によって行われた場合、ただちに不当労働行為と判断されやすい。しかし、一般の労働者が主体となった場合は、上から命令を受けていたことが証明できなければ、違法行為と認めさせることは難しい。そこで会社は、会社の指示ではなく、労働者の「自発的」な行為であると「偽装」して、戦略的に不当労働行為を行うという手法を取る。

不当労働行為の中でも、解雇などの懲戒処分、配置転換、賃金・昇進等の差別、嫌がらせ（無視、仕事を与えないなど）、組合員と非組合員の差別など、労働者に不利益を与える行為を「不利益取扱い」という。

加害者側に労働者が加わる例として典型的なのは、同僚による「無視」だろう。組合に加入した労働者に対して、それまでは仲良く話していたのに、同僚たちが誰も挨拶をしなくなったり、話しかけてこなくなったりというケースは、非常に多く見られる。

ほとんどは経営者から同僚に、組合員を無視するよう指示がなされた結果なのだが、あたかも「自発的」に行っているかのように同僚たちは振る舞う。無視どころか、組合員に罵声や冷たい言葉を浴びせるケースもある。いずれの方法も、労働者にダイレクトに精神的な不利益を与えるものである。

また、経営者が「組合に入るな」「君も組合員になったのか」などと労働者に働きかけることや、朝礼などで組合を批判することは、「支配介入」という不当労働行為になる。

そこで、あたかも上司の指示ではないかのように、「支配介入」が行われる。例えば、誰が作ったのかわからない、「労働組合は会社の癌」と書かれた怪文書が営業所で配布されたり、職場の中で「労働組合は暴力団と繋がっているらしいよ」というデマが流されることもある。同僚にこっそり命じて、組合員に労働組合を抜けるよう迫らせることまである。

懲戒のでっち上げに同僚が加担する例も

また、管理職以外の労働者が関わる不当労働行為として、懲戒や配置転換、待遇差別などを行うための理由のでっち上げに、協力するというのもある。非組合員の労働者を「監視役」「通報者」にして、組合員の「粗探し」をさせるのだ。

問題ないはずの行為を誇張して、組合員が不正行為やハラスメントを行っていたなどと報告させ、処分の理由とするのである。特に教育に関わるような職場では、生徒を一定のレベルで強く指導するのはよくあることだが、その行為を一面的に切り取って生徒を虐待していたと報告させるパターンがある。

第二章で紹介した、物流企業のBさんが同僚からの「クレーム」により異動させられたケースも、まだユニオンに加入していなかったときのものだが、この手口といえる。このように同僚の「通報」を理由として、懲戒処分や配置転換をしたり、勤務態度に問題があるとして昇給・昇進・賞与などの待遇を悪くする事例は珍しくない。

こうした戦略的ないじめが行われた最近の事例として、労働組合に加入して職場改善のために闘った労働者のケースを紹介する。

2 労働組合いじめの事例

自動販売機の補充をするドライバーの長時間労働

Aさんは、飲料を運搬・補充する自動販売機オペレーター大手で、サントリーグループ傘下の「ジャパンビバレッジ東京」に勤務する30代の男性だ。Aさんは、会社の長時間労働や残業代不払いを改善するため、個人加盟の労働組合「総合サポートユニオン」に加入し、会社と団体交渉を行った。大幅な改善を勝ち取った一方で、Aさんは会社から「報復」のターゲットにされてしまう。このいじめは、職場の同僚を巻き込んで行われ、Aさんに、労働者の「仲間」とは何なのかを考えさせることになった。

自販機の商品を運搬するドライバーであるAさんは、当時入社5年目。仕事はすっかり板についていたが、労働時間は一向に短くならなかった。一日の典型的なスケジュールは、次の通りだ。

朝7時35分頃に営業所に到着、8時にはトラックに乗って営業所を出発する。担当する自販機の近くに駐車すると、商品の詰まった段ボール（ほぼ水分のため非常に重量がある）を持って、施設の場合は各フロアまで運び、商品の補充、集金、賞味期限が切れそうな商品の管理、自動販売機の横に設置されたゴミ箱のゴミ回収、飲料メーカーの指示に応じて新商品への入れ替え・ディスプレイの変更などを行う。

商品が売り切れになっているなどのクレームを携帯電話で受けて、すぐ対応に向かうことも頻繁にある。秋には自販機の温度設定を温かく、初夏には冷たく切り替えて、中身もすべて入れ替える。自販機内の商品をすべて抜き取って、数を数える「棚卸し業務」も定期的に行われる。

こうした作業をしながら、一日に約20ヵ所の自販機を回るのが日課だ。しかも、同僚の担当は100～120台だったが、Aさんは180台も割り当てられ、職場でも断トツの多さだった。

昼食は、車を運転しながら、コンビニで買ったおにぎりを口に突っ込む。時間がないので、お弁当などはとても買えず、カップ麺でも「マシ」なほう。飲食店で昼食をとったことは、5年目まで一度もなかった。

営業所に帰ると、すでに時刻は20時頃。外回りだけでも12時間労働だ。その後も、トラックに積んだ大量のゴミを捨て、翌日の商品の積み込みを行い、その日の業務報告を提出する。職場をあとにするのは21時や22時を過ぎることもあった。

帰宅時間は遅いと23時頃で、家では夕飯を食べて、入浴して寝るだけの生活。翌朝は5時起きで6時過ぎには家を出ていた。Aさんの体は限界を迎えていた。

横行する職場いじめと「有休チャンスクイズ」

このように長時間労働が常態化しているため、営業所内の雰囲気はギスギスしていて、上司や先輩からの罵声が飛び交っていた。予定していたルートを回り切って、夜遅くに営業所に戻ってきても容赦はない。顧客からの「売り切れ」のクレーム対応を翌日に持ち越そうとしていると、「お前なんで『売り切れ』付いてるのに帰ってくるんだよ」、一日に回った自販機数が少ないと見られると「もっと回ってこいよ」などと言われ、20時頃であっても、再びトラックで営業所を出発することになる。

Aさんがミスをすると、先輩から「てめえ、ふざけんな」と怒鳴られ、「こいつ、こんなミスしたよ」と営業所内で言いふらされることもよくあった。

「長い時間働いたやつが偉い」という風潮があり、少しでも休憩を取っていようものなら「俺は休憩取らずに働いてるのに」と妬まれ、残業時間が短いと「あいつサボってるから、仕事振れ」と言われる。

そして、こうした理不尽がもっとも深刻なのは、Aさんの営業所とは別のところ——JR東京駅構内の営業所だった。JR東京駅の自販機を担当するこの営業所では、業務量が膨大で休憩時間が全く取れないだけでなく、支店長による暴力や嫌がらせが頻発していた。ミスをした従業員は謝罪文を書かされ、支店の全従業員宛てに「公開処刑メール」と件名を付けて流され、さらしものにされた。ミスの罰として「腕立て100回」や支店の全従業員へのエナジードリンク自腹購入、1ヵ月ゴミ捨て担当などのメニューも用意されていた。お尻を蹴られるなどの暴力も珍しくなかった。

極め付けが「有休チャンスクイズ」だ。有給休暇を取得するには、支店長からのメールに書かれたクイズに正解しなくてはならないという、人を馬鹿にした決まりである。逆に正解できないと、「永久追放、まずは降格」だという。支店長は、「嫌なら辞めれば」「飛ばすよ」と公然と言い放っていたが、こうした支店長の行為を、本社は全く問題視しなかった（後に追及を受けて、会社は支店長の問題行為を一切知らなかったと回答する）。

団体交渉を経て、全社的な残業代支払いへ

話をAさんに戻そう。勤続5年目の2017年のことだった。耐えかねたAさんは、ユニオンに相談することを決めた。筆者は、最初の面談の日、「今朝倒れちゃって、点滴打ってからきたんですよ」と腕のガーゼを見せながら話すAさんの追い詰められた顔を、いまも鮮明に覚えている。

Aさんは当初、残業代を請求して会社を辞めるしかないと考えていた。しかし、筆

者が、「嫌がらせをしてくる可能性はありますが、働き続けながら闘って、会社に改善させる選択肢もあります」と伝えると、Aさんは「働きながら、やれるんですか？」と目を輝かせた。こうして闘いが始まった。

当面の改善要求の焦点は、同社の長時間労働を加速させていた「事業場外みなし労働時間制」という制度だった。これは、会社が労働者を指揮監督できず、何時間働いたかを把握するのが難しいという条件の場合に限り、労使で決めた数時間を毎日働いたものと「みなす」ことで、それ以上の時間外労働については追加の残業代を払わなくても良いという制度だ。何時間残業させても賃金は変わらず、「定額働かせ放題」となる可能性が高い。

そもそも、これは、携帯電話が普及していない時代の営業などを想定した制度で、外回りの労働者が働いているかどうかを会社が把握できない、指示もできないということが前提だ。

同社はこの制度を適用していたが、実際にはAさんは会社からの携帯電話への連絡で、顧客から来たクレーム対応に向かうよう指示されており、指揮監督が及んでいないとはとてもいえない状況だった。つまり、違法に残業代を払っていないということだ。

Ａさんは、こうした証拠をコツコツ集めた。そして、数ヵ月後、会社に団体交渉を申し入れ、同時に労働基準監督署に労基法違反を申告した。その結果、この会社の事業場外みなし労働時間制は違法と判断され、是正勧告が出された。そして、非組合員を含む、自販機飲料の運搬をしていた全従業員に残業代が支払われることになったのだ。同社は、事業場外みなし労働時間制を廃止することを発表した。

同僚たちから相次いだ感謝

過去2年分の未払い残業代相当分として、数十万円支払われた人も多くおり、長時間労働が認められて、なかには100万円前後もらった人もいた。「Ａさんのおかげで新しいパソコンが買えました！」と報告してくれた同僚もいた。

休憩時間が取れていないという主張を会社は認めず、着替えの時間などカウントされていない未払い労働もあった。それでも、全担当者への支払いは衝撃的な出来事だった。

さらに、過去の未払い残業代だけでなく、今後は働いた分の残業代がちゃんと払われることになった。「定額働かせ放題」ではなくなったのだ。残業時間はすぐには短くならなかったため、月給が5万円くらい上がった人もいたという。残業代が重くのしかかるため、会社も残業の削減を促進するようになった。

Aさんは営業所内で感謝の的だった。しかし、それは、不当労働行為が始まるまでの、束の間の「平和」だった。

ついに始まった会社の「報復」

残業代が支払われた直後のことだった。突然、会社はAさんを呼び出して、無期限の自宅待機命令を下し、懲戒処分を行うことを示唆した。

理由は、賞味期限切れなどで売れなくなった商品を、Aさんが自家用車に置いていたことだった。このことが、就業規則や刑法に違反する「会社の物品の外部への無断の持ち出し」「横領」「窃取」にあたるというのである。Aさんがこうした問題行為をしていると、同僚から「通報」があったという。

実は、同社の従業員にとって、賞味期限が切れた商品を持ち帰るのは通常のことだった。余った商品のことを上司に報告すると、「自腹で買い取れ」などと言われるからだ。

　そこで、賞味期限切れで余った商品はもらっていいというのが、ある意味、「労働者の文化」として暗黙の了解になっていたのだ。ドライバー同士で担当する自販機の期限切れ商品の交換も行われ、「これ持っていけよ」と渡す光景も見られていた。

　会社がそれを把握していないはずがない。Aさんが「狙い撃ち」にされたのだ。会社はAさんの行為について、「懲戒事由」にあたるとして、Aさんを「懲戒解雇」か「諭旨退職」に処する可能性があると書面で通告してきた。

　これが不当であることは、Aさんの同僚たちが正直に話せば、すぐに判明することだ。ところが会社は、「全支店の全従業員に調査を実施したが、Aさん以外に一人も商品の持ち帰りはしていなかった」と主張してきた。Aさんと同じ職場の人たちも、「自分はやったことがない」「やっているのはAさんだけ」と答えたというのである。

　組合は、Aさんと一緒に営業所へ向かい、仕事が終わった同僚たちに、商品持ち帰りについてのヒアリングを実施した。しかし、ほとんどの同僚たちは口を重く閉ざし、Aさんの問いかけにも無視をするばかりだった。

　会社が嫌がらせをしてくることは予想していた。しかし、同僚までもが、こんなかたちでいじめる側に回ってしまうとは、Aさんにとっても想定外だった。

「俺、誰のために頑張ってたんだろう」

Aさんの自宅待機は1ヵ月に及んだ。その間、職場でどのような指示があったのかはわからない。しかし、会社から「何か」が伝えられたのだろう。

Aさんはこれまで、3人のチームで担当する自販機を回っていたが、そのチームから外れ、一人で仕事するよう指示された。会社が、職場におけるAさんの人間関係を断ち切ろうとしているのは明らかだった。

業務連絡用のLINEのグループからも、次々とメンバーが抜けていき、Aさん一人がそこに取り残された。Aさん抜きで新しいグループが作られたようだったが、誘われることはなかった。

職場復帰したAさんに、話しかける人もいなくなった。それまでは満遍なくいろんな人と話していたのに、近寄ってきさえしない。喫煙所でタバコを吸っていると、Aさんの周りから次々と人が離れていき、気づくと一人きりになっている。煙を吐くと誰もいなくなる様子を、Aさんは「蚊取り線香じゃん」と自嘲するしかなかった。

Aさんに対する同僚の態度をもっとも象徴的に表していたのが、商品持ち帰りについてヒアリングをするために、Aさんを支援するユニオンのメンバーが営業所を訪ねたときのことだ。営業所の同僚が、Aさんに声を張り上げた。

「おまえ、人間じゃねえ」

さすがに、会社からそのように言えと指示されたのかは不明だ。だが、Aさんを排除しようとする職場の雰囲気が、この言葉を生み出したのは間違いない。しかも彼は、それまでAさんと特に仲良く話していた同僚のうちの一人だった。

同僚の態度の激変に、Aさんは「助け合い」という言葉について考えさせられたという。同社では以前まで、自分の仕事を終えて早く帰ろうとすると、「ほかのやつを手伝っとけ」と同僚のフォローをするよう指示されていた。Aさんが同僚から手伝ってもらったこともあった。

それはもちろん、膨大な仕事を終わらせるためであり、長時間労働・残業代未払いに目を向けさせず、なんとか仕事を回していくための「方便」だった。しかし、少なくとも言葉の上では、「仲間」とか「絆」とか「助け合い」といった言葉が使われていた。

だが、いま、本当の意味で「仲間」のために闘ったAさんに対して、同僚は「敵意」すら向けていた。パソコン購入の報告をしてくれた同僚とも話さなくなっていた。Aさんは、心の中でつぶやいた。

「俺、誰のために頑張ってたんだろう」

職場や業界を超えた反撃のストライキ

営業所の同僚たちが沈黙を続ける中、Aさんの懲戒は着々と準備が進められていた。

そんなとき、Aさんのために声を上げたのが、あの「有休チャンスクイズ」に苦しめられていた東京駅構内の従業員たちだった。実は、Aさんとユニオンは、残業代請求の団体交渉をしながら、他の営業所にも組合員を募集するためのチラシ配布を行っており、そこから支店長のいじめに苦しんでいた東京駅構内の従業員たちの間に、組合が広がっていたのだ。

Aさんの懲戒に抗議するため、2018年の4月から5月のゴールデンウィークにかけて、「順法闘争」（残業を行わず、ルールを丁寧に守って業務を行う、労働組合の闘争戦術の一つ）が行われ、次いで組合員たちはストライキに踏み切った。

東京駅構内の自動販売機に売り切れ表示が続出し、ネットニュースにも取り上げられ、前代未聞の「自販機ストライキ」と、その背景に、日本中の注目が集まった。

Aさんを支えたのは、ストライキを行った従業員たちだけではない。他の営業所の従業員や退職者たちに、ユニオンは賞味期限切れ商品についてのヒアリングを徹底的に行った。その結果、多くの営業所で、「自分も持ち帰っていた」「先輩が持ち帰っていた」という証言を集めることができた。

そして、さらに、こうした支援を行ったのは、同社の従業員に留まらなかった。同じユニオンの組合員というだけで、全く関係のないデザイン業界やエステ業界など、様々な業種の労働者が、連日の抗議活動を支えた。闘う労働者をサポートしたいという大学生たちも加わった。

「ジャパンビバレッジ東京」の労働問題は社会的な話題になり、その発端となったAさんの懲戒の根拠の正当性にも注目が集まった。その結果、会社は懲戒解雇にも論旨退職にも踏み切れず、Aさんの雇用は守られることになったのである。

「今日、昼何食った？」 職場の文化が変わった

会社の「報復」を撃退したAさんは、それから3年が経ち、毎日定時に出社、退社をしており、残業は一切していない。就業時間中は、自販機一台一台に時間をかけている。自販機が汚れていれば、あまり行う人のいない掃除をきちんと行い、さらに見落とされがちな賞味期限切れ商品のチェックを入念に行っている。その結果、一日に回れる自販機は、わずか5ヵ所。以前の4分の1だ。休憩もゆっくり取り、昼食のほとんどは店に入って食べている。

職場の雰囲気も劇的に変わった。残業が減ったことと、休憩の1時間取得が徹底されたことが大きかった。仕事終わりの営業所で、「今日、昼何食った？」という会話が自然と聞こえるようになった。2〜3年前までは、あり得ない台詞だった。残業を「馬鹿らしい」と忌避する雰囲気が定着し、「残業が当たり前」だった文化は廃れていった。

「パワハラは、本当になくなりましたね」。Aさんは感慨深そうに話す。Aさんにつらく当たっていた先輩も、いまはAさんがミスをしても、「じゃあ今度から気をつけてね」と言うだけで、見違えるほど優しくなった。もちろん、Aさんが組合員だから

問題にされないよう、ことさら丁寧に対応している部分もあるだろう。しかし、職場全体の雰囲気からしても、いまやそれが自然な振る舞いだ。

東京駅構内の営業所も同様だ。いじめを行っていた支店長は更迭され、休憩1時間が常識となり、残業はなし。仕事はかなり楽になったという。

Aさんは、「報復」の前ほどではないが、職場の同僚の何名かとは普通に話をできるようになった。また、タダ働きで会社に奪われていた時間を、家族や子育て、趣味や読書にあてながら、他の組合員の支援を行っている。

その結果、改善されたのは、「ジャパンビバレッジ東京」だけではない。自販機オペレーターの同業他社にも波及し、商品を運搬するドライバーが会社を越えて総合サポートユニオンに加入することで、次々と長時間労働や残業代未払いを改善させたのだ。

「職場で声を上げる人がいたときには、ぜひ味方になってほしいです」

そうAさんは語る。

「ジャパンビバレッジ」の事件では、二つの文脈で職場いじめが発生していた。

まず、本書でこれまでも取り上げてきた、長時間労働によって疲弊する職場で起こる職場いじめだ。しかし、長時間労働が改善されたことで、職場の雰囲気が変わっていった。劣悪な職場環境が、いじめ発生の大きな要因であることがよくわかるケースだ。

次に、Aさんが労働組合に入ったことにより、「報復」としてのいじめが起こった。これは当初、会社からの指示によって始められたが、その後は、その指示を背景として、職場の上司、同僚までが、無視や罵倒、懲戒への協力というかたちで、「自発的」にその一端を担った。

こうした労働組合いじめは、いまもあちこちで起こっている。Aさんの場合は、組合員や周囲からの支援を得られたおかげで、この「報復」に屈せずにすんだのだ。

3 労働組合いじめは、近年の職場いじめの「原型」

それは、労働組合いじめから始まった

第三章、第四章で、職場いじめの「効果」を、「矯正」「排除」「反面教師化」に分類して説明してきたが、本章で紹介した組合員に対するいじめにも、同様のことが指摘できる。

「矯正」は、労働組合から抜けさせることで、会社がまず狙うのはこれだ。本章でAさんに懲戒解雇を行おうとしたのは「排除」が目的であり、周りの従業員を組合に加入させないための「見せしめ」＝「反面教師化」でもある。

これらは、実は新しい現象ではない。かつて日本型雇用が一般的とされていた時代にも、会社に対抗的な労働組合の組合員に代表される、権利を主張する労働者に対して、会社側が組織的に行っていたことだ。

労働組合は、本来は労働条件の改善をもたらす団体であり、職場の労働者にとっ

て、支持したり、参加したりすることのメリットは大きい。また、会社との交渉を効果的にするため、組合員は、職場でさらに仲間を増やそうと試みる。

会社側からすれば、こうした労働組合は、短期的には企業の利益を脅かす「リスク」と判断される。そのため、労働者が団結しないように、「矯正」「排除」「反面教師化」を目論むことになる。とはいえ、会社が公然と妨害すれば違法行為になってしまうため、労働者にいじめを行わせる方法が戦略的に用いられた。

第三章や第四章で紹介してきた事例と目的は同じであり、これが近年の職場いじめの「原型」といえよう。

「例外」が日常化し、「偽装」の必要もなくなった

近年の職場いじめでは、いじめの対象が「原型」の範囲にとどまらず、かなり拡大している。会社に意識的に反抗しようとしたわけではないのに、容易にいじめの標的にされてしまう。

この変化は、職場にかつての「余裕」がなくなったことが原因だろう。日本型雇用の正社員であれば見逃されていた「ゆるさ」が、もはや許容されなくなり、いじめに

よって修正を求められたり、退職に追いやられたり、見せしめにされたりといったことが起きている。会社にとって「許されない労働者」の範囲が「反抗的な組合員」から大きく広がり、「例外的」に起こっていた職場いじめが日常化してしまったのだ。

しかも現在では、多くの事例で紹介してきたように、会社の指示を受けなくても、その目的を内面化した同僚が、率先していじめを行うようになっている。会社が職場いじめを同僚によるものと「偽装」しなくても、労働者が「自発的に」厄介者を追放してくれるのだ。いまや、労働組合に対するいじめにおいても同様だ。会社の指示を受けなくても、同僚が能動的に組合員を罵倒している。ジャパンビバレッジの事件における、同僚の「人間じゃねえ」という言葉が、まさにこれだ。

次章では、近年拡大する職場いじめの「正体」を詳しく分析していこう。

＊1　近年、企業内労働組合ではない新しいタイプの労働組合が活躍するようになってきた。地域の企業の労働者が組合員になることができ、企業を横断して組織されるコミュニティ・ユニオンである。特に、2000年代からは個人加盟のコミュニティ・ユニオンが台頭してきている。筆者が役員を務める総合サポートユニオンもその一つだ。こうしたコミュニティ・ユニオンに加入する

労働者が勤めている企業は、サービス業を中心に新興の産業のことが多く、企業内労働組合すら存在しないところが多い。

第六章　経営服従型いじめのパターンと歴史

1　経営の論理に従属するいじめ

経営服従型いじめとは

ここまで、職場いじめの実態と、その背景、そして、いじめがどんな「効果」をもたらすのかを見てきた。ここで改めて、特徴を整理すると、近年、拡大する職場いじめの多くは、大きく三つのパターンに分類することができる。但し、この三つは重なって起きることもある。

まず、一つ目が「職場ストレス発散型」だ。つらい労働によって生じたストレスを、その労働環境に責任のある会社や経営者に向けるのではなく、職場の同僚や部下をいじめることで発散するもので、結果的に不満の矛先をそらす「効果」がある。

二つ目が、「心神喪失型」だ。主に第二章で見られたように、長時間労働に伴う理不尽ないじめによって思考を停止させ、「心神喪失」状態に陥らせることで、労働者が現状に疑問を抱かなくなり、黙々と過酷な労働に従事するようになるというもの

経営服従型いじめ	職場ストレス発散型	・厳しい労働の不満の矛先を、いじめによってそらす。 ・同僚が加害者になることも多い。
	心神喪失型	・長時間労働で疲弊した労働者に、理不尽ないじめを行い、被害者を思考停止に陥らせて従順に働かせる。
	規律型	・長時間労働やハラスメントに耐えられない労働者、「生産性」の低い労働者、労働の「質」にこだわる労働者、権利を主張する労働者をいじめることにより、他の労働者を「能動的」に働かせる。 ・「矯正」「排除」「反面教師化」などの「効果」がある。 ・同僚が加害者になることが特に多い。 ・いじめの対象に敵意をもち、相手を人間として扱わなくなる。

だ。

　三つ目は、第三章〜第五章で多くの事例を見てきた「規律型」だ。経営の論理に従順でないと見なされた労働者が、「いじめても良い」「人として扱わなくても許される」対象とされ、激しい職場いじめの標的となる。「矯正」「排除」「反面教師化」を通して、他の労働者たちは、自分を会社にとって役に立つ存在と定義し、「能動的」に働くようになる。

　あらかじめ断っておくと、ここでいう「規律」とは、ワンマンな経営者や上司による命令や、がんじがらめの社内規則があるということではない。

　この三つのパターンを合わせて、本書

では「経営服従型いじめ」と呼ぶ。では、この経営服従型いじめは、どのような経緯で日本社会に定着するようになったのだろうか。

日本の産業構造と労務管理の変化

経営服従型いじめが本格化するようになった端緒として、近年の日本の産業構造の変化と日本企業の労務管理の変容がある。

80年代から90年代にかけて、日本型雇用慣行は変容を余儀なくされていった。大量生産・大量消費による製造業を中心とした経済成長が行き詰まったからだ。企業は賃金を低く抑えるため、また飽和した市場を拡大するために、アジアを中心に生産拠点をグローバル展開し、国内では「産業の空洞化」が進行した。

その一方、衰退する製造業に代わり、新たな「成長産業」として、広義のサービス業が拡大した。外食や小売のチェーン、ＩＴなどだ。加えて、従来は女性が「主婦」として無償で担わされるか、国や自治体が担当していた介護・保育などのケアや公共サービスに関わる分野が規制緩和で市場に開放され、企業が利益を求めて参入するようになった。

これらの広義のサービス業は、労働集約的な産業であり、労働者の職務内容はある程度限定されている。そのため、従来の日本型雇用の特徴である「年功賃金」「終身雇用」による、労働者の長期的な育成が必要とされなくなったのだ。

若者を「死なせても良い」労務管理が広がった

こうした業界において、企業が利益を拡大するには限界がある。限定された職務のため、技術革新や労働者の能力開発で、製造業のように生産性が上がるわけではない。ここでは、労働者を「できるだけ安く・長く」働かせることが、利益につながる。そのために編み出された方法が、以下のような労務管理だ。

まず、正社員として大量に採用された若者は、入社まもないうちから長時間労働や大量の業務を命じられる。ここで、労働者は早期に選別される。「使える」労働者、つまり長時間労働、未払い残業、ハラスメントを伴う業務に精神的・身体的に耐えられ、会社に対して不満を言わずに従順に働く者だけが残され、耐えられない労働者は退職していく。

選別を「生き延びた」労働者は、消耗品のように、その心身の限界まで働かされることになる。うつ病を発症するなどして力尽き、使い捨てられる。

こうして若者たちは大量に離職するが、また新たに大量に採用され、また使い潰されるというサイクルが繰り返される。この選別と使い捨ての過程で、多くの若年正社員が過労死や精神疾患に追いやられた。彼らは、企業の利益のためには「死なせても良い」存在として扱われたのだ。

2000年代後半から、インターネットを起点として「ブラック企業」という用語が広がり、日本中に定着したが、背景には、こうした正社員の働かせ方の変化があった。

若者を育成せず、短期的に使い潰して利益を得る。その過程で若者がどうなっても構わない――。こうした労務管理は、サービス業以外の様々な業界、正社員を時間をかけて育成する従来からの日本型雇用を堅持してきた製造業などの大企業にも広がるようになっていった。第一章で取り上げた大手製造業の事例でも、加害者本人は意図していなかったとしても、結果的に職場いじめが労働者を選別し、残った労働者を服従させるメカニズムになっていた可能性がある。

「ブラック企業」における職場いじめ

この「ブラック企業」型の労務管理とハラスメントは密接に結びついている。長時間労働が「職場ストレス発散型」を加速させることは、第二章で説明した通りだが、そこでは「心身喪失型」や「規律型」のいじめも展開されるようになる。

典型的なのが、入社早々に行われる新入社員研修だ。合宿などによる「洗脳」的な手法を用いて、企業への貢献や競争意識を煽られ、売り上げやノルマを最優先させる思考や、仕事への責任感を植え付けられる。ついていけない労働者は「脱落」する。このように新入社員を「矯正」あるいは「排除」する研修は、会社主導による規律的な経営服従型のハラスメントと言って良いだろう。

さらに業務中も、会社や上司によるハラスメントが待ち受けている。膨大な業務を押し付けたり、自分の望むとおりに仕事をこなせない部下に対して、長時間にわたる罵倒や人格の否定といった「行きすぎた指導」が行われる。会社のハラスメント研修などで真っ先に問題にされる、典型的な「パワーハラスメント」だ。

第二章で紹介したメディア業界の事例では、過労死ラインを超える長時間労働に疲れを見せたり、ミスを犯したり、先輩のやり方に疑問を抱くような素振りを見せたりすると、「殺すぞ」「バカ」「クソ」と言われ、顔面を靴で蹴り飛ばされ、ファイルの角で殴られ、首を絞められ、流血させられていた。

同じく第二章の物流業界の例では、自分の生活の都合を主張した労働者が暴力を受け、仕事の遅い新米社員も先輩から「スパルタ教育」を受けていた。

第五章のジャパンビバレッジ東京のドライバーは、ミスをするたびに先輩から「こいつ、こんなミスしたよ」と言いふらされ、少しでも休憩を取っていると「俺は休憩取らずに働いてるのに」と妬まれ、残業時間が短いと「あいつサボってるから、仕事振れ」と言われていた。少しでも全力で働いていないと見られると目をつけられて、さらしものにされた。

これらのいじめは、若手社員を長時間労働や膨大な業務量に耐えうる労働者として規律化する側面が大きい。

ただし、長時間労働の職場においては、こうした「規律型」のいじめは「心神喪失型」いじめとセットで行われることが多い。第二章のメディア企業では、相手を選ばず、すべての若手社員が問答無用で暴力の被害に遭っていた。第五章のジャパンビバレッジの支店でも、理不尽な「有休チャンスクイズ」や罰ゲームが横行していた。これらは、心神喪失状態に追い討ちをかけるように、「規律型」が機能していた例といえる。

2 「規律型」の職場いじめ

「生産性」の低い労働者は「いじめても良い」？

この「できるだけ安く・長く」働かせる労務管理は、労働者を体力や精神力の限界まで使い潰す、長時間労働の職場だけに広がったわけではない。「コスト」となる労働者の数を最小限に抑える一方で、一人当たりの業務量を最大限まで増やし、休憩や休暇をろくに取らせずに働かせる。この働かせ方は、いまや業界や雇用形態を超えて拡大し、日本社会全体に浸透している。

そして、これは若手正社員だけでなく、業界によっては中高年社員にも広がっている。さらには契約社員や派遣社員、主婦パートや学生アルバイトなどの非正規雇用までも対象となった。サービス業を中心に、基幹的な業務が単純化・画一化・マニュアル化され、非正規雇用にも任されるようになった。低賃金にもかかわらず、責任や業務量は膨大になっていった。

こうした余裕の失われた職場で、職場いじめは加速した。過酷な労働は、ストレスの「はけ口」を求める。そのうえで、「生産性」が低く、「効率」の悪い労働者が、「職場に迷惑をかける」存在として、「いじめても良い」「人として扱わなくても許される」対象となったのである。

なお、ここでいう「生産性」や「効率」は、イノベーションをもたらしたり、労働者の能力を育成したり、社会を豊かにしたりする、真の意味での生産力や効率ではない。あくまで単純労働を、長時間・休まずに、低コストでこなして、利益を稼ぐという程度のことだ。

これに適合しない労働者は、「矯正」か「排除」しなくてはならない。そして「反面教師化」によって、残った労働者から最大限のパフォーマンスを引き出す必要がある。

第四章で紹介した、ADHDの人に対するいじめは、その象徴的な例だ。周りよりも「ミス」が多かったり、飲み込みが遅かったりするADHDの労働者は、会社から

「生産性」が低く、周囲の「足を引っ張り」、「人として扱わなくても許される」存在と見なされる。彼らは公然と侮辱され、精神的に追い込まれる。

特筆すべきこととして、この「規律型」のいじめは、経営陣や管理職だけでなく、同僚たちまでが率先して加害者となり、その実行役となることが非常に多い。いじめを実行することによって、「生産性」の低い労働者たちを「反面教師」とし、自分はもっと仕事をこなせる存在だという意識を強固にする。結果、経営の論理、市場の論理に対して、より忠実な「歯車」として働き続けることになるのだ。

出産・育児する労働者は「いじめても良い」？

「生産性」が低い、「職場に迷惑をかける」労働者が「いじめても良い」人間とみなされるという点では、近年問題化するようになったマタニティ・ハラスメント（マタハラ）にも触れておきたい。マタハラは、妊娠・出産・育児に関する職場いじめのことだが、長期休暇や時短勤務などを取得する労働者は、やはり「一人前の労働力」として計算できないということで、経営の論理では「コスト」とされる。

かつてと違い、女性の正社員も男性同様に長時間労働や転勤が前提とされ、女性に多い非正規雇用でも、前述のように責任や業務量が増大している。

また従来、女性労働者は、日本型正社員の夫をもつ家計補助型の労働者として想定されることが多かったが、現在は家計の主要な担い手として働き続けることが増えている。

責任や業務量が増大し、働き続ける必要性が増す中で、妊娠・出産・育児が職場に「迷惑をかける」行為として浮かび上がり、「コスト」を抑制する「合理的」な労務管理として、マタハラが蔓延しているのだ。

そして、強調したいのは、経営者や上司のみならず、マタハラは同僚によって実行されるケースが少なくないということだ。

例として、ジャーナリストの小林美希氏による２０１８年のルポを紹介しよう。正社員の女性Aさんは、妊娠すると上司から退職勧奨を受けたが、働き続けたいと主張した。しばらくして、つわりの症状がひどくなりトイレに駆け込んだ際、Aさんの業務の一部を肩代わりしていた先輩社員から、聞こえよがしに「一人前に仕事ができないなら迷惑なんだよな。甘えてるよ」とつぶやかれた。先輩たちは、午前0時近くまで残業していた。

また、Ａさんが流産を心配して、いつもより早めの22時頃（！）に帰宅しようとすると、先輩から「あーあ、妊婦は羨ましいよな」と舌打ちされた。その後、Ａさんは、「甘え」と言われないよう、つわりの苦痛を我慢し、重い資料を担ぐ作業まで引き受けたという（『ルポ　中年フリーター』〔ＮＨＫ出版新書〕）。

２０２０年の厚労省によるハラスメント調査を見ると、マタハラ被害を受けた人の被害内容は、「上司による、制度等の利用（筆者注：産休や育休、短時間勤務など）の請求や制度等の利用を阻害する言動」（24・３％）、「嫌がらせ的な言動、業務に従事させない等の継続的な嫌がらせ」（24・０％）に続いて、「同僚による、継続的に制度等の利用の請求や制度等の利用を阻害する言動」（16・７％）が３位に挙がっており、解雇や不利益変更（正社員から非正規雇用に労働条件を下げるなど）の示唆、退職や不利益変更の強要よりも多かった。

マタハラの行為者も、「上司（役員以外）」（62・７％）の割合がもっとも高いが、「会社の幹部（役員）」（30・４％）、「同僚」（20・５％）の順で、同僚が２割以上に及ぶ。

この統計でマタハラとは扱われない「妊娠・出産等に関する否定的な言動」を行った者についても、「上司（役員以外）」（60・８％）がもっとも多く、次いで「会社の幹部

（役員）」（29・2％）、「同僚」（22・2％）となり、こちらも2割以上が同僚から被害を受けたと答えている。

こうした同僚によるマタハラは、典型的な「規律型」の職場いじめだ。発達障害のケースと同様に、周囲の労働者が、過酷な職場の状況を背景に、積極的に経営の論理を内面化している。そして、自分に仕事の「しわ寄せ」が来るのを恐れ、妊娠・出産・育児で職場に「迷惑をかける」同僚を憎むようになり、その反動として、ますます会社の役に立つ存在として、自己を再定義していくのだ。

仕事の「質」を大切にする労働者は「いじめても良い」？

「規律型」の職場いじめが標的とするのは、「生産性」の低い人間だけではない。仕事の「質」にこだわりをもつ労働者もターゲットとなる。

「できるだけ安く・長く」働かせる労務管理においては、労働の「中身」についても、あくまで単純労働に徹し、マニュアル通り、「歯車」として従順に働くことが良しとされる。この働かせ方は、人の命や生活に直接関与する、社会性の強い労働の「質」を軽視するもので、労働者が生み出す製品やサービス、特にケアや公共部門のサービスの「質」の劣化をもたらしている。

特に、第三章で取り上げたようなケア労働においては、コスト削減を優先したサービスが求められ、それこそが「理想的」なケアとされるようになってしまった。職員の数や必要な備品などが削られる中で、一人当たりできるだけ大勢の利用者の相手を、できるだけ最低限の手間でこなせる労働者が、職場で賞賛されるようになった。

そんな中でも、特に対人サービス業を中心に、労働の「質」にこだわりをもって、「職業倫理」に誠実に、利用者を重視し、「自律的」に仕事を行おうとする労働者がいる。

しかし、本来あるべき職務を全うしようとしたり、職員の増加や余裕を求めたり、さらには虐待に違和感を抱いただけの労働者ですら、コストカット優先の職場にとっては「迷惑をかける」存在であり、「排除」や「矯正」の対象となってしまう。子どもや高齢者を大切にしたいという思いまでもが、いじめの引き金となってしまうのだ。

さらに、彼らに対する熾烈ないじめは「反面教師化」され、職場の労働者全体が、仕事の「仕方」に関心を持たず、経営の論理に従順に働くよう規律化される。

この労働の「質」を放棄させるいじめの舞台は、医療・福祉分野にとどまらず、広い意味での「ケア」である教育や他の公共部門、IT、さらにはジャーナリズムやクリエイティブ系のような、単純化に限界があり、社会性の高い労働にも広がっている。

自分の仕事の質にこだわり、会社や経営者の利益ではなく、本当に人や社会のために役立とうとする労働者が、「誤った」労働観を持つ者として敵視され、いじめのターゲットになる。その結果、ケア労働の現場では、利用者への虐待がますます横行し、質を求める労働者へのいじめがその状態を維持する方向に働く。職場いじめによって、ケアを筆頭とする様々な社会的サービスに、亀裂が広がっているのだ。

3　職場いじめを突き動かす「敵意」

同僚たちの「敵意」と「自警団化」

こうした、経営の論理、市場の論理に服従しない労働者を、会社や管理職が敵視するのは、ある意味当然かもしれない。しかし、経営者でも管理職でもない、単なる同僚が、別の同僚を標的に定めて「確信犯」的に職場いじめを実行している実態には、驚かされる。いじめを率先して行う労働者自身も、自分の健康や生活、家庭の事情などで、いつ排除の対象となるかわからないにもかかわらずだ。

そこでは、もはや上からの指示は必要とされない。経営者や上司の顔色を窺う「忖度的」ないじめもあれば、経営重視の価値観を内面化して、より「自発的」にいじめを行うケースもある。

しかも、その職場いじめは残酷さを増している。経営に服従しない労働者を炙り出し、見つけたら人ではなく、人格を認めなくて良い「敵」として扱い、見せしめにする。ストレスの発散先を求めているどころか、「会社目線」に立って、会社に貢献しない労働者の存在を許すことができなくなり、攻撃性を高めている。

ある意味、加害者にとって、職場の生産性を下げる「元凶」となる労働者を見つけていじめることが、「使命感」のようになっており、「自警団化」していると言っても差し支えないだろう。

世界的に多い同僚のいじめは「追い落とし」だが

自警団化する経営服従型いじめが、自分が「得をする」ためのものとは限らないということは、繰り返し強調しておきたい。

対照的な職場いじめの考え方として、1990年代に職場のハラスメントを分析し、世界的に職場のハラスメント対策を促進させた精神科医マリー＝フランス・イルゴイエンヌのベストセラー『モラル・ハラスメントが人も会社もダメにする』(紀伊國屋書店）の記述を見てみよう。

イルゴイエンヌは、加害者のタイプ別に職場いじめを分類する中で、上司による「垂直的」なハラスメントと対比して、同僚による「水平的」なハラスメントを挙げている。この「水平的」ハラスメントで多いのは、昇進をめぐってライバル関係にある社員を追い落とすためのものであるという。具体的には、教育担当の秘書が毎回新人の秘書をいじめて辞めさせるというケースが紹介されている。

しかし、本書で紹介したほとんどの職場では、加害者の労働者にとって、いじめを行ったところで、自身の出世は見込めず、獲得したり、しがみついたりするほどのポストもない。職場いじめをしたことで、自分の評価が上がるというわけでもない。いつでも取り替え可能な労働力としてしか期待されておらず、いずれは自分も使い潰される可能性がある中で、「社内でのし上がりたい」「自分の利益を奪われたくない」という実利的な動機はもちにくい。

いじめが上司に好意的に評価され、自分の利益につながるのではという「幻想」をわずかに期待している部分はあるかもしれない。しかし、現実的にその行為が導くのは、労働者である自分の利益ではなく、会社の利益である。日本の労働者は、自分が経営者でもなければ、経営者の「分け前」にも大して与《あずか》れないのに、経営の論理を内面化し、それにいかに尽くせるかを自らの至上命題にしている。

いじめを行う労働者たちに、その行為を通じて得られる「利益」があるとするなら、「言うとおりにやらないやつを追い出し、別の使える人を採用して仕事を楽にしてほしい」「同僚に圧力をかけて、少しでも自分の仕事を押し付けたい」「ムカつくやつを馬鹿にして、スッキリしたい」くらいの、非常にレベルの低い「利益」だろう。

むしろ、いじめを行うことが、自分も苦しんでいる働かされ方を擁護することになり、結果、自らの首を絞めている。日本では、労働者にとって、およそ「合理的」とは思えないかたちで職場いじめが起きている。それほどまでに、経営の論理と、それによる「規律」が、労働者に浸透しているのだ。

差別と結びつくハラスメント

経営の論理に従順でないと判断した労働者を、容赦なく攻撃する職場いじめの中には、もはや相手を同じ人間として考えていないような残酷なものもあった。そこには、利益追求を根拠として、一定の特徴をもつ労働者を「いじめても良い」「人として扱わなくても許される」存在と見なす意識がある。こうした意識は、もはや「差別」に近づいていると言えるのではないだろうか。

ここで差別について、確認しておこう。

「差別」は、性別、国籍、人種、民族、障害、性自認・性的指向、雇用形態などの社会的グループによる「区別」や「排除」に基づいて、不平等を作りだす。差別の意識によって、属性を理由として平等な人権を認めないことが「正当化」されるのだ。そしてハラスメントには、差別の対象となる人たちが労働市場で不安定な立場に置かれていることを利用したものも多い。

代表的なものが、男性から女性へのセクシュアル・ハラスメントだ。特に日本では、正社員は家事や育児等による休暇や短時間勤務を前提としていないことが多く、休まず、長時間働くことが求められる。女性は家庭で家事や育児などを押し付けられるケースが多いため、そのような条件で働き続けることが難しく、評価されにくかったり、妊娠を機に退職を迫られたり、かといって転職先を探そうとすると非正規が多くなってしまう。そのため、今の職場での立場を守ろうとして、声を上げづらくなる。明確に意識していなくても、加害者側の男性は、この構造を利用してセクハラをしていると言えるのではないか。

さらに多いのは、女性に対するものと重なることが多いが、正社員から非正規雇用者へのハラスメントだろう。雇用契約は数ヵ月から1年程度で結ばれることが多いため、いつ雇い止めされるかわからない。またシフト制の場合、雇用されているのに仕事を入れてもらえないという嫌がらせもある。正社員のハラスメントを会社に告発したところ、契約を更新されなかったり、シフトから外されたりしたという労働相談は非常に多い。第三章の、保育園に勤めるAさんの事例はその典型だ。

最近では、外国人に対するハラスメントも目立っている。会社はもちろん、同僚の日本人労働者からも被害を受ける。日本において、外国人労働者の立場は非常に弱い。特に技能実習生や留学生などは、労働条件も劣悪だが、在留資格じたいが不安定であり、勤務先に文句を言ったら、いわゆる「不法滞在」状態になってしまったり、会社関係者に空港まで「連行」され、強制帰国させられてしまうケースもある。

ほかにも、雇用されることが難しい障害者や性的マイノリティらに対する職場のハラスメントも頻発している。社会的な差別が、労働市場における雇用の不安定さと結びつくことで、ますます被害者は沈黙させられ、加害者側はハラスメントに及びやすくなる。

「規律型」の職場いじめと差別が近づくとき

第四章「発達障害者へのいじめ」でも少し言及したように、日本では差別を禁止する社会的規範が脆弱であるため、社会的マイノリティであることを理由とした差別が、現在でも公然と行われやすい。しかし、そのままだとさすがに「問題」になる「リスク」が高い。そこで、利用されるのが経営の論理や市場の論理だ。そのグループの一員であることじたいは理由とせずに、そのグループに所属する人たちの傾向として「(その人たちを平等に扱うには)社会的なコストがかかる」「社会に貢献する能力が低い」などの論理を経由することによって、差別を「正当化」しようとする。

職場いじめでは、その傾向が顕著に現れる。具体的には、「外国人労働者は真面目さが足りないから駄目だ」とか、「障害者は仕事が遅い」（第四章で紹介した発達障害が典型だ）、「小さな子どもがいる女性は使いづらい」（マタハラ）といった理屈を経由することで、「職場に迷惑をかける存在だから、平等に扱わなくても良い」という「正当性」をまとわせるというわけだ。こうして、「差別はいけない」という社会的規範は骨抜きにされてしまう。差別が、「規律型」の職場いじめに近づいているのだ。

と同時に、この「規律型」の職場いじめの対象もまた、新たな差別の社会的グループに近づいているのではないか。仕事が遅い人、仕事の質を大事にする人、会社に権利を主張をしたり、労働組合に入ったりするような人は、「いじめても良い」「人として扱わなくても許される」対象とされた。言い換えれば、現在の日本社会においては、「職場に少しでも迷惑をかける」「コストを優先しない」「経営の論理・市場の論理に適合的でない」労働者は、平等に扱わなくても、人権を認めなくても良い、差別の新しいカテゴリーとされつつあるのではないだろうか。[*1]

経営服従型いじめは、経営の論理、市場の論理が浸透し、余裕を失った日本社会で蔓延している。さらに規律型の職場いじめは、経営者や管理職どころか、労働者自身が加害者となって、自主的に行われるまでになっている。そして差別に接近することで、相手が人間でないかのような残酷な行為も正当化されるようになっている。

こうしたいじめを根本的に食い止めるには、経営の論理が最優先される日本社会の構造を変えることが必要になる。

4 なぜ、日本の労働者は経営の論理に弱いのか

あらかじめ失われていた対抗する力

なぜここまで、日本社会に「規律型」の職場いじめが浸透してしまったのだろうか？　ここでは、日本社会はもともと、職場いじめを「正当化」する経営の論理に対抗する力が、歴史的に弱かったことを述べていこう。

従来の日本型雇用といえば、「終身雇用」と「年功賃金」に象徴される「安定」「平等」の仕組みだと考えられがちだ。しかし、実際には、現在の職場いじめの温床とな

る、「会社への従属」と労働者間の「競争」が行きわたっていた。

欧米型の雇用システムは「職務」を基準としている。労働者は特定の職務に従事しており、職務が同一なら、どの企業の労働者でも基本的に同じ賃金が支払われる。どこまでを職務の範囲とするか、どの職務をどれくらいの賃金水準にするかには、企業を横断した産業別の労働組合との交渉が大きく影響する。「企業」ではなく、自分の「職業」にアイデンティティを持つ労働者の組合が、社内や業界内の「抜け駆け」を制限することで、自分たちの労働条件を自分たちでコントロールしていた。[*2]

同じ職務であれば、誰でも同じ賃金が払われるというルールは、企業を横断し、性別や人種を超えて、労働者を「平等」に扱わせるという社会的な論理を、労働の現場に打ち立てた。

一方、日本型雇用の正社員においては、この職務という基準が存在しない。賃金の決め方も昇進も、会社任せとなっていた。まず、従事する職務じたいが限定されていない。社内を頻繁に異動させられ、様々な職務を柔軟にこなしながら、徐々に課長や部長へと出世の階段を昇ることになる。

さらに、昇給や昇格において、欧米型の労務管理ではありえない全正社員への「査定」が導入された。しかも、日本の正社員に対する査定は、職務という客観的な基準ではなく、個人の「能力」によって決められた。その能力とは、「企業への貢献度」である。

サービス残業や休日出勤を積極的に引き受け、有給休暇も申請しない。遠距離への突然の転勤も、慣れない業務への転換も受け入れて、家族ぐるみの引っ越しや単身赴任、理不尽な業務にも耐える、そうした「態度」や「人格」が評価された。このため、日本型雇用の正社員は、家事や育児を負担する必要のない（主婦である配偶者に押し付けることのできる）「男性」であることが大前提であった。

どこまで昇給・昇格するかは、個々の労働者の貢献度によって決まる。入社当初は同期が横並びでスタートするが、徐々に差が開き始める。自身の余暇や健康、家庭の事情など、あらゆる価値観を企業に従属させ、労働者たちは出世競争に明け暮れた。

その過程で労働者が内面化するのは、その職業の労働者としてではなく、その会社の「社員」としてのアイデンティティである。その「見返り」として、長期雇用や年功賃金が保障された。こうした環境の中で、「従属」と「競争」は、自分が生きるため、配偶者を養うため、子どもを育てるための、唯一の選択肢であると考えられたのだ。

その結果、日本の労働者は世界でも突出して、会社の利益に強くとらわれ、どのような命令にも従うようになってしまった。そして、社内の同僚とも競わされ、「分断」させられていった。経営の論理に歯止めをかけ、職場いじめを押しとどめる力を生み出す素地は、あらかじめ失われていたということだ。

そして、いまや「見返り」が保障されなくなったにもかかわらず、わずかな「幻想」にすがって、日本の労働者の多くは今日に至るまで、「従属」から「対抗」への転換ができないままでいるのである。

「包摂」する余裕のあった日本型雇用と、その「例外」

従来の日本型雇用においても、「職場いじめ」といえる行為はあった。ただし、客観的には人権侵害にあたる行為であっても、基本的には長期雇用と社内での「育成」を前提としたものであった。理不尽であっても、社内に「包摂」するシステムの一環だったといえる。

あまり仕事ができない労働者であっても、他の業務に就かせたり、別の上司や先輩をつけたりと、「適性」のある職場を見繕い、時間をかけて「育成」した。もちろん、あくまでなんらかのかたちで会社の利益に「貢献」するよう期待されてのことであるから、会社の「温情」的な措置であり、限界はあった。とはいえ、短期的な評価によって排除まではしないという「余裕」があったのだ。

ただし、それは労働者が「従順」であるという条件のもとに限られていた。正社員の男性であっても、積極的に企業の命令に異を唱え、権利を主張する者は、「例外」的に容赦ない排除の対象となった。特に第五章で述べたような、会社に迎合しない労働組合の組合員に対しては、徹底的ないじめが行われた。

日本の産業構造が変化し、労務管理も変容する中で、この従来の「例外」的な職場いじめが「一般化」し、現在の経営服従型いじめが生まれたと考えられる。[*3]

また、日本型雇用においては、そもそも女性や非正規雇用、外国人労働者らは、正社員になることすらできず、差別され続けていたことも見落としてはならない。

＊1　差別のカテゴリーに入るとされる労働者の間で、自分はより経営や市場の論理に貢献できると考

えた加害者により、いじめが行われることもある。第一章の娯楽施設の職場いじめは、その一例だ。同じ最低賃金で働く非正規同士だったが、学生や若手のフリーターからすれば、30代で非正規を続ける男性は、ある意味、市場に適合できなかった労働者であり、人として扱わなくても良い存在だった。ここに、非正規間における「中高年フリーター」への差別意識を指摘することもできるだろう。

＊2　元昭和女子大学教授の木下武男氏は、『労働組合とは何か』（岩波新書）の中で、労働組合の根源的機能を「競争規制」であると指摘している。木下氏は、「労働者の不団結は、労働者自身のあいだの避けられない競争によって生みだされ、長く維持される」と述べたカール・マルクスの文章を引用し、「経営者が労働者を過酷な状態に追いこんでいるのは当然だが、経営者の横暴で悪辣な仕打ちが労働者の悲惨な状態を生んでいると、短絡的にとらえていない。むしろ敵ではなく、味方にこそ、労働者の内部にこそ、悲惨な状態を生みだす根源があると指摘している。ここが重要である」と論じている。
労働者が互いに敵対して、分断させられている状態において、「抜け駆け」や競争を規制し、その団結に取り組む労働運動は、資本主義の歴史の中で繰り返し実践されてきた。組合運動が弱く、競争の規制が脆弱な日本において、経営の論理に基づく労働者間のいじめが激化していることは、必然であると言えよう。

＊3　本章の内容は、甲南大学名誉教授である熊沢誠氏の著書に大きな影響を受けている。

第七章　職場いじめはなくせるか

「ハラスメント対策」はどこへ向かうのか

では、職場のいじめ、ハラスメントをなくしていくには、どうしたら良いのだろうか。

2020年6月からのパワハラ防止法の施行（対象は大企業のみで、中小企業に対して適用されるのは2022年4月以降）に伴い、企業の「ハラスメント対策」に注目が集まっている。

パワハラ防止法では、会社側の義務として、パワハラに対する方針の明確化と周知・啓発、相談体制の整備、相談があったときに適切に対応することなどが定められている。

しかし、ここまで見てきたように、多くの会社にとっては、パワハラ対策をしっかり講じるより、放置することの方にメリットがある。筆者がこれまで受けてきた労働相談でも、会社にハラスメント相談窓口があると聞いて通報したが、ろくに動いてくれなかったという声をひっきりなしに聞く。[*1]

そもそも、パワハラ防止法じたい、言ってみればパワハラが「問題」にならないように、会社に対策を取らせるという内容にとどまっている。この法律の範囲でいえば、会社はパワハラに対する方針や規定、相談窓口を形式的に紹介しておけば、それでとりあえずの義務を果たしたことになる。もし相談が来たら、あとで「適切」だったと言い訳できる程度に対応しておけば良い。

ハラスメントの加害者にならないよう管理職に研修を実施する企業はそれなりにあっても、被害を受けやすい一般の従業員（非正規雇用を含む）に対して、何がハラスメントにあたるのか、自分にどのような権利があるのかを教える企業はほとんど聞かない。

何よりこの法律には、労働者が会社の責任を争って権利行使する際に重要な、「パワハラ」を違法と定めた文章も、「パワハラ」を禁止するという規定も書かれていない。

本書でも繰り返し指摘してきたが、会社に徹底したハラスメント対策を行わせるには、ハラスメントを放置することの方が「コスト」になるという経営判断をさせることが必要になる。会社にそう判断させるには、ハラスメントに対して労働者が権利を行使し、ハラスメントは社会的な問題になると気付かせることが不可欠だ。

労働者が声を上げることの大変さ

経営の論理に適合していく労働者が増える一方で、ハラスメントを受けて、会社への権利行使に踏み切る労働者も現れ始めている。しかし、実際は、その手前の段階で苦悩している労働者が多いのが現実だ。

ハラスメント被害に苦しみながら、会社に立ち向かう勇気がもてず悩んでいる人。同僚が理不尽にいじめられている様子を見て、なんとか止められないかと逡巡している人。仕事へのこだわりや利用者の安全よりも、経営の論理が優先される働き方に疑問を感じている人もいる。筆者たちが受けている労働相談からは、そうした葛藤の声が無数に聞こえてくる。

ここから一歩踏み出し、声を上げる労働者が増えていくことが求められる。しかし、過酷な労働環境とハラスメントは、労働者の体力と気力を奪ってしまう。権利行使ができると伝えても、本人が会社と争いたくないとあきらめてしまうケースが少なくない。労働者の心身の疲弊は相当に深刻だ。

それでも職場いじめに声を上げ、会社と闘った労働者たちを本書では紹介してきた。メディア業界で、物流業界で、自販機オペレーターの会社で……。これらは、いずれもハラスメントに苦しむ労働者が意を決し、一人でも会社に対して立ち上がったことが、職場の改善に繋がったのである。

「支援者」の重要性

しかし、一人で闘うことは容易ではない。そこで彼らを支えたのが、「仲間」の存在だった。第五章のジャパンビバレッジの事例のように、職場で労働組合の仲間が増えるケースもある。職場で一緒に闘う仲間が現れることは、現場で起きている問題を複数の証言で突きつけるためにも、会社に対してプレッシャーを与えるという意味でも、そして精神的な支えという点でも重要だ。何より、職場の同僚が団結して、会社の言いなりではなく、自分たちの働き方に自律的に関与していくことは、職場の理想的な姿である。

とはいえ、同じ職場で苦楽を共にしてきた同僚であっても、権利行使をする際に仲間になってくれる可能性は、現在の日本において決して高いとはいえない。むしろ、ジャパンビバレッジのAさんのように、会社に楯突く厄介者として憎まれてしまうことも多い。

ここで鍵を握るのは、「仲間」と「支援」のあり方だろう。本書で紹介してきたユニオンのすべての事例において、同じ職場や企業内にとどまらず、声を上げた労働者を支える「支援者」がいた。同じ労働組合に所属する、他の職場や他の業界の労働者、さらには学生らが、当事者と一緒に打ち合わせに参加したり、一緒に企業前でのチラシ配布など街頭宣伝活動を行ったり、インターネットを通じたキャンペーンをしたりと、様々なかたちでサポートした。その結果、労働条件を改善せざるを得ない状況にまで、会社を追い込むことができたのだ。

学校で起きる子ども同士のいじめの対策には、直接の「加害者」や「被害者」のほかに、「傍観者」の役割が重要だという[*2]。そのいじめを知った傍観者が仲裁したり、外部に通報したりすることで、いじめの回避や早期発見、問題化につながるというものだ。大人のいじめにおいては、この「傍観者」の役割を果たすのが、広義の「仲間」といえるのではないだろうか。

いじめやハラスメントが起きたとき、当事者を支える「仲間」は、職場の同僚に限らない。支援する広範な「仲間」の存在が、権利行使を可能にするのである。

＊1　社会的な啓発の機会になるという意味はあるとしても、その実効性という観点からは、こうした「上からの」ハラスメント対策に対して、筆者はあまり期待していない。それどころか、経営側のハラスメント対策の議論の中には、逆効果になるのではないかと、疑問を抱かざるを得ないものもある。

厚労省の委員会にも出席している、ある経営コンサルタントは、パワハラの根拠である「優越性」の一例として、「正義・正当性の力」を挙げ、「自分は正しいということを振りかざして、相手を徹底的に非難すること」が該当すると述べている。そして、この「正義」には、「命が大事」という価値観を主張する行為も含まれるという。

しかし、それでは労働者が「命のため」（過労死や過労自死から労働者の命を守るにせよ、ケアサービスの劣化を防いで利用者の命を守るにせよ）に、上司や同僚を注意したり、抗議したりする行為もパワハラとされる恐れがある。

実際、筆者が担当した労働相談で、こんなことがあった。株式会社の経営する認可保育園で、保育士に長時間労働を強い、保護者を軽視する園長に保育士たちが抗議したところ、会社側が保育士たちの行為を「園長に対するいじめ」であると主張し、中心人物を他の園に「左遷」させようとした。最終的にこの保育士たちは介護・保育ユニオンに加入。保護者の理解を得て終日ストライキまで実施した結果、逆に園長を「左遷」させ、労働条件を改善させることに成功した。

労働者による正当な抗議をハラスメントと同一視するような議論は、ハラスメントの温床である職場環境を温存させたまま、あらゆる声を封じ、労働問題を表面化させないというところに行き着く。

＊2　荻上チキ『いじめを生む教室』（ＰＨＰ新書）を参照した。

付録　職場いじめに悩む人への実践的アドバイス

「会社・上司に相談」「仕事を辞める」という選択の前に

　自分や周りの人がハラスメントの被害に遭っていた場合、どうするべきだろうか。会社の相談窓口や上司に相談するという選択肢が、まず、思い浮かぶかもしれない。あるいは「そんな会社はもう辞めてしまえば？」と退職を勧める人もいるだろう。だが、ちょっと待ってほしい。この二つは、オーソドックスな処方箋とはいえ、真っ先に選ぶことには、慎重になってほしい。もちろん、結果的にこれらの対応を選ぶことはありえる。しかし、被害をこれ以上受けたくないにしても、ハラスメントを問題として提起することを考えているにしても、その前に試してもらいたい方法がある。

　筆者が、まずやってほしいのは、①証拠を集めること、②いったん会社を休むこと、そして③社外の専門家に相談してみることだ。

会社はどのようにハラスメント相談者を欺くのか

まず、すぐに会社や上司に相談するという選択を待ってほしい理由を説明しよう。パワハラ防止法が成立したいま、会社はハラスメント対策を曲がりなりにも講じることになっている。そのため、会社や上司への相談は、最善の対応に思われるかもしれない。しかし、効果がないどころか逆効果になることも多いのが現実だ。どのようなリスクがあるのか具体的に挙げてみたい。

相談された本社の担当者や上司が、相談を放置することがよくあるのは、これまで何度も述べてきた。しかし、会社が被害事実の調査を開始したあとも、様々な壁が待ち構えている。

ここで、被害者がハラスメント相談を行う主要な目的をざっくり二つに分けると、第一に、現在ハラスメントが進行中の場合はその行為を止めさせること、第二に、すでに発生したハラスメントにきちんと対応させることだろう。

特に難しいのは、すでに起きてしまったハラスメントに対応させる方だ。過去の被害は、様々な段階で、うやむやにされやすい。

最初のハードルは、事実の認定だ。調査に対して、加害者が「やっていない」「覚えていない」と答えることで、行為そのものが認められない可能性がある。とはいえ、加害者が否定しても、会社が総合的な状況判断によって事実を認定することは可能だし、加害者が虚偽の回答をしづらいようにヒアリングを行う方法もあるのだが、形式的な「調査」で済ませ、「隠蔽」しようとしているとしか思えない対応の会社も少なくない。「なかったことにしよう」と、加害者と口裏合わせをしたのではないかと思われるケースさえある。

次に、被害事実が一定程度認められたとしても、会社がその問題を過小評価するという壁が待ち構えている。よくある説明が、「発言の伝え方は不快と受け止められても仕方ないものだったが、ハラスメントとまでは認められない」「行為はあったが違法とは言えない」「問題はない」などである。解釈で逃げ切ろうとするわけだ。

最後の関門は、加害者への「処分」や、被害者への「配慮」が「甘すぎる」というものだ。加害者には簡単な注意がされただけで、職場で被害者に近づけないようにするなどの配慮はされず、被害者本人の希望があっても、被害の事実について社内で一切周知されない。加害者や経営者の謝罪はなく、ましてや賠償金や解決金などは一円も払われない。そんなケースが非常に多い。

過去に起きてしまった被害とは対照的に、現在進行形のハラスメントについては、相談が放置されることも多いとはいえ、会社や上司が多少なりとも動けば、行為がいったんは止まるケースがそれなりに見られる。

だが、会社の調査や対応が中途半端に行われたことで、ハラスメントが外からはわかりにくい陰湿なものに変わったり、加害者から報復されたりすることがある。また後述のように、加害者に警戒されてしまい、証拠が取りにくくなるというリスクもある。

会社への幻想はいったん捨てよう

筆者が強く言いたいのは、会社や上司に相談すればなんとかしてくれるはずという「幻想」は、捨てた方が良いということだ。誰でも知っている大企業で働く相談者から、ハラスメントを本社に通報したのに無視された、対応が杜撰なまま終了してしまったなどの相談はとても多い。「会社を信じていたのに、裏切られた」という声を、筆者は何度聞いたかわからない。会社はもともと利益の追求を目的とした組織であり、善意では動かない。適切な対応を行わないことは会社にとってリスクになると判断させない限り、誠実な対応は期待できない。

会社から納得のいく対応がなされるケースも存在するが、被害者の立場からしたら「運次第」としか言いようがない状況だ。そこで、心構えとしては、会社を無防備に信用せず、警戒心をもったうえで、被害者の側で「備え」をしておくことだ。

「録音」は特に効果的

そこで、第一にするべきは、ハラスメントの「事実認定」をクリアするための準備である。そのために、最優先でしてほしいのが、証拠集めだ。証拠がない場合、会社や加害者にいじめの事実を認めさせるのは、かなり難しいと思っておいた方が良いだろう。

メールやチャット、SNSなどで被害を受けた場合は、パソコンやスマートフォンの画面を撮影したり、スクリーンショットを撮ったり、文章のデータを保存したりしておこう。メモも大事だ。いつ、どこで、誰から、どのような言動を受けたのかを、できるだけ詳細に書いておこう。負傷させられた場合は、その箇所を撮影し、病院で診断書をもらっておくことが肝心だ。

なかでも、特に効果的なのは「録音」だ。ＩＣレコーダーやスマートフォンのアプリなどで、相手の発言や行為を録音しよう。その際、相手に合意を取る必要はない。相手に黙って録音するのは、「隠し撮り」や「盗聴」と同じじゃないかと気が引けるかもしれないが、「秘密録音」は裁判でも証拠として採用されており、罪悪感を覚える必要は全くない。いじめを行う方が悪いのだ。

録音は、「暴行」の証拠になることもある。筆者が担当した事件で、相談者が店長に殴られたり、蹴られたりしたときの音声を携帯電話で録音していて、それを持って警察に告訴状を提出したところ、加害者は書類送検、略式起訴されて罰金刑となったこともある。

ハラスメント発言は、話し合いの席でされることも多い。その場合は、あらかじめ録音をオンにしておくことだ。いきなり呼び出された場合は、「先にトイレに行ってきます」などと、いったん席を外し、録音のスイッチを入れると良いだろう。

しかし、予告なく、突然暴言が浴びせられるケースもある。ハラスメントの発生するタイミングが予想できず、勤務中ずっと録音状態にしていた相談者もいる。その場合、後で録音全部を確認するのは大変なので、何日の何時頃にどんなことがあったかだけでも、メモしておくと良い。

同様に、ハラスメント被害の様子を、動画で「撮影」するという方法もある。ハラスメントがわかるような映像を撮るには技術が必要だが、もしできそうなら試してみるのも手だ。

録音に失敗したときの「奥の手」

ハラスメントを受けたのに、その場で録音できなかったら、あとは記憶を頼りにメモするしかないのだろうか。これは「奥の手」だが、改めて、今度は録音しながら「先ほど、こう言いましたよね?」「こういうことをしたじゃないですか?」と聞いて、回答を引き出すという方法がある。ここで、加害者から「したけど、不満でもあるの?」「それがどうかした?」などの答えが録音できれば、重要な証拠として使える。もちろん、「そんなことあったっけ?」などと返されたり、無視されたりと失敗する可能性もあるが、やってみる価値はある。同様に、メールやチャット、SNSで加害者に質問するのも、手段の一つだ。

「公表」という使いみちも

証拠の効果は、会社にちゃんと調査をさせるというだけではない。会社に相談して、適切に対応されなかった場合にも使いみちがある。「公表」である。ハラスメント被害に対して、会社の対応が適切であったかどうかを、社会に問う手段としても活用できるのだ。

具体的には、証拠をマスメディアに提供したり、インターネット上に投稿したりという方法がある。適切なタイミングで公表すれば、社会的に大きな反響があり、会社側の対応が嘘のように変わることもある。

ただ、注意が必要だ。最近、ハラスメント被害を本人が個人でSNSに投稿し、「炎上」するケースがある。このとき、投稿した被害者が法的リスクに晒される可能性もある。実際に、業務妨害、名誉毀損での損害賠償請求、威力業務妨害罪、強要罪などで刑事告訴すると脅された事例もある。また、いくら加害者だからといっても、相手の個人情報の公表は慎重になった方がよい。

こうした危険もあるので、安易な「公表」はお勧めしない。社外の労働問題の専門家とよく相談してからにした方が良いだろう。労働組合の場合は、団体行動権という権利によって、こうした宣伝活動が法的に認められている。社会運動として、被害を発信して事件を問題化するというのは、本書でも紹介してきたように有効な手段の一つである。

ハラスメント以外の証拠も集めておこう

証拠を集めてほしいのは、ハラスメントに関するものだけではない。それ以外の労働問題についても、できるだけ証拠を残しておこう。長時間労働や残業代未払いを示すための、タイムカードやパソコンのログ記録などである。

このような提案をすると、「私が問題にしたいのは、あくまでハラスメントだけです」「ほかのことは我慢できるので大丈夫です」とハラスメントだけにこだわる相談者もいる。その気持ちはわかるが、広範な証拠集めを推奨するのには理由がある。

第一に、ハラスメントについて会社に適切な対応をさせるのは、証拠があってもハードルが高い。会社が腰の引けた対応をしたときに、弁護士や労働組合を通じて、他の労働問題も一緒に問題化するという方法がある。この場合、問題の数々をまとめて

「解決」するために、会社がハラスメント対応を改めるケースがそれなりにあるからだ。

実際に筆者が関わった事件だが、長時間労働で発生した残業代を全く払っていなかった会社で、セクシュアル・ハラスメントの被害があった。加害者は「記憶にない」という回答に終始し、セクハラの証拠は全く集まっていなかったのだが、長時間労働および残業代未払いの問題に対する告発に恐れをなした会社側が、予想以上に丁寧な聞き取り調査を行い（それくらい真面目にできるなら最初から被害を防止してほしかったが）、セクハラがあったと認めざるを得ないとして、謝罪や補償、再発防止策を行ったケースがある。

第二に、被害者にとっても、自分の受けたハラスメントがどのような環境のもとで起きたのか、理解するきっかけになる。当初は加害者個人への怒りだけだったとしても、適切に対応しようとしない経営者の醜態を目の当たりにしたり、過酷な労働環境を客観的に見つめ直したりしていく中で、ハラスメントを起こさせる職場の構造に気付くようになる。その構造を把握し、労働条件を改善させていくことで、完全に元には戻らないにしても、心の傷を和らげることにつながる場合もあるのだ。

ハラスメントにしても、それ以外の労働問題にしても、証拠を集めるのは、個人では難しいところもある。また、会社や上司に相談してからでは、加害者が警戒して、証拠を取るチャンスを逃してしまう。まずは、社外の労働相談窓口に相談することをお勧めする。

辞めてしまうことのデメリット

ここまで、「会社や上司に相談する」という選択の前に、「証拠集め」をすることを提案してきた。もう一つの「会社を辞める」という典型的な選択についても、その前に検討すべきことがある。「会社を休む」という選択肢だ。

もちろん、ハラスメントが起きている職場を速やかに離れるという判断じたいは重要だ。会社を辞めることに罪悪感を覚える必要もない。被害の継続により、精神を病んだり、症状が重くなったりする可能性がある。いったん破壊されたメンタルヘルスを、回復させるのは容易ではない。たとえ賠償金が払われ、謝罪を受けたとしても、そうそう治るものではない。メンタルが壊れてしまえば、争う気力だって奪われてしまう。

しかし、いきなり退職してしまうことにはデメリットもある。退職すると、当然だが収入が途絶えてしまう。すぐに仕事が見つかり、その仕事が良い労働条件で、かつ良好な精神状態で働き始められるのなら、それで良いという考え方もあるだろう。だが現実には、なかなか良い求人がなく、以前にも増して劣悪な待遇の職場しか見つからないことが多い。収入が途絶えてしまうため、求職活動に使える時間的余裕がなく、希望に沿わない会社でも選ばなければならなくなってしまう。

辞める前に、休もう

そこで、辞める前に、まず休むという対応を考えてみてほしい。なんとか病院に行って診断書を取り、休職が必要であると書いてもらい、それを理由に会社を休む。次に、健康保険の傷病手当金を請求するという手順だ。連続して4日以上休職すれば、4日目から支給の対象になり、支給額は元の賃金の3分の2ほどだが、無給よりはよっぽどマシだ。

注意しておくべきこととして、職場の就業規則を読んで、休職可能な期間がどれくらいあるかを確認しておこう。その期間を超えて休職した場合、退職扱いにされてしまうリスクがあるからだ。

休職中に傷病手当金を受給できれば、途中で退職しても最大で1年半（過去に健康保険料を1年以上払っていることなどが条件）もらい続けることができる。その間に仕事を探したり、心身を休ませたりすることが可能だ。

いったん傷病手当金を申請してから、労災の休業補償給付を申請するという手もある。認定のハードルはかなり高いが、労災認定がなされれば、退職後も元の賃金の8割が支給されることになる。また、労災認定は、会社に対して損害賠償を請求するための重要な根拠になる。

健康保険の傷病手当金や労災の休業補償給付は、休職をせずに退職してしまうと受けられなくなる。「もう会社とは一切関わりたくない」という気持ちもわかるが、得られたはずのものが得られなくなってしまうことは、ぜひ知っておいてほしい。

休むか、証拠を集めるか

ここで、疑問に思う人がいるだろう。休めば、証拠を集めることは難しい。しかし、ハラスメントが現在進行形の場合、証拠集めのために出社するということは、さらなる被害に遭うことを意味する。そのダメージが積み重なると、メンタルの被害が重度になり、取り返しがつかなくなってしまう（記録を残すことで、ハラスメントをあまり苦に思わなくなったという人もいるが）。これは、相談を受けている側からしても悩ましい問題だ。

証拠の集め方、休み方や手当のもらい方、さらに何を優先するかの判断も含めて、社外の専門家にまずは相談してもらいたい。

職場いじめやハラスメントの専門家がいる主な相談窓口

【ＮＰＯ】

ＮＰＯ法人ＰＯＳＳＥ

https://npoposse.jp

０３－６６９９－９３５９

soudan@npoposse.jp

筆者が理事を務めるＮＰＯ法人。

【労働組合】

総合サポートユニオン
https://sougou-u.jp
03−6804−7650
info@sougou-u.jp
筆者が執行委員を務める労働組合。

労災ユニオン（総合サポートユニオン 労災支部）
https://rousai-u.jp
03−6804−7650
soudan@rousai-u.jp

介護・保育ユニオン（総合サポートユニオン 介護・保育支部）
https://kaigohoiku-u.com
03−6804−7650

contact@kaigohoiku-u.com

私学教員ユニオン（総合サポートユニオン　私学教員支部）
https://shigaku-u.jp
03－6804－7650
soudan@shigaku-u.jp

コミュニティ・ユニオン全国ネットワーク
https://cunn.online/
全国にあるコミュニティ・ユニオンを紹介している。

日本労働組合総連合会（連合）
https://www.jtuc-rengo.or.jp

全国労働組合総連合（全労連）

http://www.zenroren.gr.jp

全国労働組合連絡協議会（全労協）
http://www.zenrokyo.org

【弁護士】
ブラック企業被害対策弁護団
http://black-taisaku-bengodan.jp
労働者側の立場で労働問題を専門とする弁護士の団体。

日本労働弁護団
http://roudou-bengodan.org

過労死１１０番
https://karoshi.jp

【行政】

厚生労働省　総合労働相談コーナー
https://www.mhlw.go.jp/general/seido/chihou/kaiketu/soudan.html
全国の都道府県にある厚労省の相談窓口を紹介している。

東京都労働相談情報センター
https://www.hataraku.metro.tokyo.lg.jp/soudan-c/center/

かながわ労働センター
http://www.pref.kanagawa.jp/docs/k5n/soudan/index.html

大阪府労働相談センター
https://www.pref.osaka.lg.jp/sogorodo/roudousoudan/index.html

おわりに

平穏無事に働きたいだけなのに、なぜ自ら事を荒立て、波風を立てるようなことを勧められなければならないのか。会社に自分の名前を明かさないで救済してもらえる手立てはないのか――。これらは、筆者がいじめ・ハラスメントの労働相談を受けるときに、よく向けられる言葉だ。

本書を読んで、同じような疑問を抱いた方もいるかもしれない。望ましい法制度や対策を、行政や政治家、会社に提言してくれるのではないのかと期待していた読者もいるかもしれない。

だが、本書が提示する「対策」は、労働者による権利の行使である。

不平を口にせず、求められるままに忠実に勤務していれば、誰かがいじめを取り締まり、安定した働き方を用意してくれるのだろうか。いずれ国や会社がなんとかしてくれると他人任せにしてきた結果が、この現状なのではないだろうか。

日本の歴史からは想像しづらいが、資本主義が普及する以前、世界中の多くで、生産における「主人公」は経営者ではなく、労働者だった。どれくらいの労働時間を費やし、どのようなクオリティで、社会に必要なものを作り出すかは、労働者たち自身が自律的に決めていた。

しかし、経営者は、利益追求のため、労働者を命令どおりに働かせ、生産方法や労働条件に文句を言わせないように封じ込めてきた。仕事を単純化して、労働者の考える余地をなくし、生産の主導権を奪って、労働者をどんどん従属させていった。現在の日本では、この資本主義の規律が、職場や社会を覆い尽くし、人々の意識を染め上げ、いじめを蔓延《はびこ》らせるまでになった。

労働者は、自分たちで労働の内容や進め方を考えることができる。仕事を通じて、もっと人の役に立てるよう、社会的な課題に取り組んで、「平等」や「社会正義」を追求することだってできる。人が生きていくのに欠かせない家事や子育て、介護などの「ケア」を、誰かに劣悪な処遇で押し付けたり、切り捨てたりせず、お互いを支え合って生きることができる。そんな社会のために、世界中で様々な社会運動が不断に行われ続けている。

いじめやハラスメントによって「分断」されるのではなく、この過酷な現状が資本主義社会の帰結であり、経営者たちの責任であることを把握し、その鬱屈や怒りを「正しい」方向に向けること。そのために、人々が一緒に声を上げること。

この本が、そうした行動への第一歩となることを願っている。

最後に、本書はＮＰＯ法人ＰＯＳＳＥや総合サポートユニオンに寄せられた相談者の声と、労働相談スタッフたちが日々支援を続けてきた膨大な記録、困難な中で声を上げたユニオンの仲間たちの闘いがあったからこそ、執筆できた。また、ＮＰＯ法人ＰＯＳＳＥ代表の今野晴貴氏には貴重なアドバイスをいただいた。皆さんに、深く感謝の気持ちを伝えたい。

執筆が予定より遅れる中、企画から完成まで粘り強くサポートし、丁寧な助言をくださった講談社の西川浩史氏にも、心よりお礼を申し上げる。

主要参考文献

木下武男『格差社会にいどむユニオン　21世紀労働運動原論』（花伝社、２００７年）
木下武男『労働組合とは何か』（岩波新書、２０２１年）
熊沢誠『新編　民主主義は工場の門前で立ちすくむ』（現代教養文庫、１９９３年）
熊沢誠『新編　日本の労働者像』（ちくま学芸文庫、１９９３年）
熊沢誠『日本的経営の明暗』（ちくま学芸文庫、１９９８年）
熊沢誠『能力主義と企業社会』（岩波新書、１９９７年）
小林美希『ルポ　保育崩壊』（岩波新書、２０１５年）
小林美希『ルポ　保育格差』（岩波新書、２０１８年）
今野晴貴『ブラック企業　日本を食いつぶす妖怪』（文春新書、２０１２年）
今野晴貴『ブラック企業２　「虐待型管理」の真相』（文春新書、２０１５年）
今野晴貴『ブラックバイト　学生が危ない』（岩波新書、２０１６年）
今野晴貴『日本の「労働」はなぜ違法がまかり通るのか？』（星海社新書、２０１３年）
今野晴貴『ストライキ2.0　ブラック企業と闘う武器』（集英社新書、２０２０年）
今野晴貴『賃労働の系譜学　フォーディズムからデジタル封建制へ』（青土社、２０２１年）
佐々木隆治『カール・マルクス　「資本主義」と闘った社会思想家』（ちくま新書、２０１６年）
佐々木隆治『マルクス　資本論』（角川選書、２０１８年）

梁英聖『日本型ヘイトスピーチとは何か　社会を破壊するレイシズムの登場』（影書房、２０１６年）
梁英聖『レイシズムとは何か』（ちくま新書、２０２０年）

講談社現代新書　2640

大人《おとな》のいじめ

二〇二一年一一月二〇日第一刷発行

著者　坂倉昇平《さかくらしょうへい》

発行者　鈴木章一
発行所　株式会社講談社
東京都文京区音羽二丁目一二—二一　郵便番号一一二—八〇〇一
電話　〇三—五三九五—三五二一　編集（現代新書）
〇三—五三九五—四四一五　販売
〇三—五三九五—三六一五　業務
装幀者　中島英樹
印刷所　豊国印刷株式会社
製本所　株式会社国宝社
本文データ制作　講談社デジタル製作
定価はカバーに表示してあります　Printed in Japan

N.D.C.366　261p　18cm
ISBN978-4-06-526094-4

「講談社現代新書」の刊行にあたって

教養は万人が身をもって養い創造すべきものであって、一部の専門家の占有物として、ただ一方的に人々の手もとに配布され伝達されうるものではありません。

しかし、不幸にしてわが国の現状では、教養の重要な養いとなるべき書物は、ほとんど講壇からの天下りや単なる解説に終始し、知識技術を真剣に希求する青少年・学生・一般民衆の根本的な疑問や興味は、けっして十分に答えられ、解きほぐされ、手引きされることがありません。万人の内奥から発した真正の教養への芽ばえが、こうして放置され、むなしく滅びさる運命にゆだねられているのです。

このことは、中・高校だけで教育をおわる人々の成長をはばんでいるだけでなく、大学に進んだり、インテリと目されたりする人々の精神力の健康さえもむしばみ、わが国の文化の実質をまことに脆弱なものにしています。単なる博識以上の根強い思索力・判断力、および確かな技術にささえられた教養を必要とする日本の将来にとって、これは真剣に憂慮されなければならない事態であるといわなければなりません。

わたしたちの「講談社現代新書」は、この事態の克服を意図して計画されたものです。これによってわたしたちは、講壇からの天下りでもなく、単なる解説書でもない、もっぱら万人の魂に生ずる初発的かつ根本的な問題をとらえ、掘り起こし、手引きし、しかも最新の知識への展望を万人に確立させる書物を、新しく世の中に送り出したいと念願しています。

わたしたちは、創業以来民衆を対象とする啓蒙の仕事に専心してきた講談社にとって、これこそもっともふさわしい課題であり、伝統ある出版社としての義務でもあると考えているのです。

一九六四年四月　野間省一